1873
früh vom Brennerei
COLLEN

Woröm de Jungfrau ene Mann es!

E.G. LÜTTGAU VERLAG

Auf Erschberg 51 · 53945 Blankenheim
info@eg-luettgau-verlag.de · www.eg-luettgau-verlag.de

Herausgeber: Ernst Lüttgau
Autoren: Markus Becker, Ernst Lüttgau
Illustrationen: Diana Billaudelle
Layout: Billaudelle - Agentur für Medien, Design und Illustration
www.billaudelle.de

ISBN 978-3-929721-13-3

Kölsche Fragen – Kölsche Antworten

Woröm de Jungfrau ene Mann es!

Herausgegeben von Ernst Lüttgau

Inhalt

Die „W-Froch"

Foto: Manfred Esser

Wie soll ich die einleitenden Worte zu einem kölschen Druckwerk, das die Frage nach dem „Warum" behandelt, formulieren? Hochdeutsch? Oder auf Kölsch?

Woröm eijentlich nit op Kölsch? Sull dä Här Verläjer doch ne Üvversetzer bestelle, dä em dat Janze dann op bundeswigg verständlich tremmp.

Spätestens em Alder von esu drei bes vier Johr, fängk dä Minsch, fange Pänz an ze frore: Woröm? Dat wor wahrscheinlich dä Jrund, woröm se en Kölle ald en de fröhe sibbenzicher Johr beim WDR en Sendung erfunge han, en dä die Blagen dousende von Woröm-Frore von 'ner Mus beantwortet krieje. „Die Sendung mit der Maus" wod met dä Zigg esu erfolgreich, dat dat schlaue Dier enzwesche üvverall op dr Ääd em Fernseh' bekannt es un en en janze Reih von Sproche üvversetz wode es.

Evver nit nur Pänz frore ständig worröm. Ejal ov jung ov alt, ejal ov ärm ov rich, ejal ov schlau oder och nit esu: Dä Alldaach präsenteet ständig en Situationen dä dä Minsch (sich) frogt: Woröm? Manchmol stellt dä Minsch die „Woröm-Froch“ evver och öm sich selvs als ‘ne janz Gewiefte darzostelle. En Froch wie: „Woröm maache die dat dann? Öm tirek donoh ze statuiere: „Dat weiß doch jeder, dat dat nit jeiht!“ hätt nur eine Sinn un Zweck: He will ener bewiese, dat mer nit alles wisse muss, öm einfach esu ze dun als ov.

Dat die „W-Frore“: Wer, wie, wat, wieso, weshalv, woröm, die he en dem kleine kölsche Boch jestellt weede un och en Antwort han, nohwaasse wie Unkruck, dat es esu sicher wie dat beröhmte Amen en dä Kirch.

Jenau esu sicher es et evver och, dat et wohl nie en Antwort op die alles umfassende Froch jitt: „Warum ist es am Rhein so schön?“ Oder?

Hätzliche Jröß
Henning Krautmacher

Woröm heiß „BAP" esu?

Warum heißt eine bekannte Kölner Rockband „BAP", also „Vater"?

Das hängt mit dem Gründungsmitglied Wolfgang Niedecken zusammen. Oder vielmehr mit dessen Vater. Denn dieser zeichnete sich durch eine Sparsamkeit aus, die mitunter recht seltsame Blüten treiben konnte, und die Geschichten dazu waren bei den Freunden von Wolfgang Niedecken sehr angesagt: „Immer wieder hieß es „Was gibt's Neues vom Bapp?", erinnert sich der Sänger später. Die Storys über die aberwitzigen Sparaktionen seines Vaters waren so beliebt, dass Niedecken selbst sogar „Bapp" genannt wurde.

Als es dann 1976 zur Gründung der Band kam und ein kurzer, prägnanter Name gesucht wurde, war eigentlich recht schnell klar, wie das Ganze heißen sollte, nämlich „BAP". Übrigens ein ewiges Ärgernis für die selbsternannten Gralshüter der reinen kölschen Sprache, denn auf „Hochkölsch" müsste die Band eigentlich „PAP" heißen, also mit „P" am Anfang. Doch da bringt ein kleines biographisches Detail Licht ins Dunkel: Vater Niedecken – der übrigens 1980 verstorben ist – stammt aus dem Raum Siebengebirge, und als er nach Köln kam, hatte er den heimischen Dialekt mit im Gepäck. Und im Siebengebirge sagt man eben nicht „Pap", sondern „Bapp", wenn man „Vater" meint.

Tja, und weil die Band eben nicht nach irgendeinem beliebigen Vater benannt ist, sondern nach Niedecken senior, kann sie halt nur „BAP" heißen. Schließlich käme auch niemand auf die Idee, von „Josef Verdi" zu sprechen, nur weil das die korrekte Übersetzung von „Guiseppe" ist …

Wat hatt Caligula met Kölle ze dun?

Warum hatte der römische Kaiser Caligula eine ganz private Beziehung zu Köln?

Fakt ist, dass Caligula unter dem Namen Gaius Julius Caesar (!) am 31. August des Jahres 12 nach Christus in Antium geboren wurde. Den pompösen Namen hatte er der Tatsache zu verdanken, Urenkel des Kaisers Augustus zu sein. Doch das nur nebenbei. Viel interessanter ist aus Kölner Sicht, dass Caligulas Vater, der legendäre römische Feldherr Germanicus, im Jahre 14 nach Christus nach Germanien versetzt wurde und seine Familie dorthin mitnahm. Damit landete der kleine Gaius (der damals noch nicht Caligula hieß) im zarten Alter von zwei Jahren in Köln, wo die Römer in Deutz ein Kastell unterhielten, von dem aus Feldzüge gegen die Germanen unternommen

wurden. Dort blieb die Familie bis ins Jahr 16 nach Christus. Historisch verbürgt ist auch, dass er in dieser Zeit den Spitznamen „Caligula“ (lateinisch für „Soldatenstiefelchen“) erhielt. Wie das gewesen sein könnte, zeigt die folgende, auf historischen Fakten basierende Geschichte:

Wie Caligula zu seinem Namen kam

Im Jahre 14 nach Christus war im „Oppidum Ubiorum“ (der kleinen römischen Kolonialstadt, aus der später Köln werden sollte) ganz schön was los. Was daran lag, dass die Ubier – also die Ur-Kölschen – hohen Besuch hatten: Kein Geringerer als Germanicus, der berühmte römische Feldherr, war mit Kind und Kegel gekommen. Nicht etwa, weil es ihm im Oppidum Ubiorum so gut gefallen hätte (wenn wir ehrlich sind, war Köln damals noch ein richtiges Kaff), sondern weil aus der Gegend, in der einmal viel, viel später Bergisch Gladbach liegen sollte, immer wieder Angriffe gegen das Imperium erfolgten. Tja, und das sollte Germanicus nicht nur abstellen, sondern nach Möglichkeit auch noch ein Stückchen Germanien hinzu erobern. Und weil das vermutlich etwas länger dauern würde, hatte er seine Familie gleich mitgebracht. Seine Familie, das war seine Frau Vipsania Agrippina, die ihn wenige Tage später das zweite Mal zum Vater machen sollte, und sein kleiner zweijähriger Sohn, der wie sein Vater Gaius Julius Caesar Germanicus gerufen wurde.

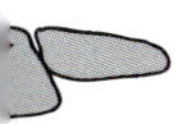

Wie gesagt, die Frau Germanicus, Vipsania Agrippina, war hochschwanger und brachte am 6. November ein kleines Mädchen zur

Welt, das Julia Agrippina genannt wurde. Dem kleinen Gaius passte das überhaupt nicht. Gut zwei Jahre lang war er der Kronprinz gewesen, und jetzt kümmerte sich plötzlich niemand mehr um ihn. Immer ging es nur um die kleine Julia Agrippina! Einen ganzen Monat schaute sich der kleine Gaius das Spielchen an, dann hatte er die Nase voll. Wenn sie ihn nicht mehr haben wollten, gut – sie würden schon sehen, was sie davon hätten. Er könnte ja gehen, gar kein Problem! Und eines Tages, wenn er ganz groß herausgekommen wäre, käme er wieder zurück.

Gedacht, getan! Eines Nachts machte sich der kleine Gaius heimlich auf die Socken. Ein Sklave sah ihn noch, traute sich aber nicht, den Kleinen aufzuhalten – immerhin war er der Sohn des großen Germanicus, und der verstand keinerlei Spaß, wenn es um seine Kinder ging. So kam der kleine Gaius ungehindert auf die leeren Straßen von Oppidum Ubiorum. Jetzt war es nicht mehr weit bis zu dem Lager, das die Legionäre bereits vierundzwanzig Jahre zuvor direkt neben Oppidum Ubiorum aufgeschlagen hatten. Angst hatte er nicht, denn den Weg war er schließlich schon oft mit seinem Vater geritten.

Eine Stunde später – es war für die Beinchen des kleinen Gaius doch ein langer Weg gewesen – kam das Lager in Sicht. Die Wache war auf dem Posten:

„Wer da?" „Ich", rief der kleine Gaius. Der Wachsoldat staunte: „Was machst du denn mitten in der Nacht auf der Straße?"

„Ich will Legionär werden und den Germanen ordentlich auf den Helm hauen", sagte der kleine Gaius. Was sollte der arme Wachsoldat tun? Die Mutter des Jungen war nirgendwo zu sehen, und er konnte den kleinen Kerl ja nicht gut draußen stehen lassen. Also nahm er den kleinen Gaius zuerst mit in die Wachstube und später dann mit in sein Zelt.
Die anderen Legionäre waren von dem kleinen Jungen begeistert. Kinderlieb, wie fast alle Italiener, waren sie davon überzeugt, dass der kleine Gaius ihnen Glück bringen würde. Sie spielten mit ihm, und ein handwerklich begabter Legionär schusterte ihm winzige Soldatenstiefelchen, die tatsächlich passten.

Unterdessen war Vipsania Agrippina aufgefallen, dass ihr Sohn verschwunden war. Zuerst machte sie sich keine Sorgen, denn Versteckenspielen war eine der Spezialitäten ihres Sohnes. Aber nachdem die Sklaven das gesamte Haus abgesucht hatten, ohne dass der kleine Gaius aufgetaucht wäre, wurde sie doch unruhig. Vor allem: Was würde Germanicus sagen, wenn er vom Feldzug zurückkäme und sein Sohn wäre verschwunden? Agrippina schickte alles, was Füße hatte los, um den Jungen zu suchen.

Der kleine Gaius hatte währenddessen Spaß. Wenn die Legionäre marschieren üben mussten, marschierte er mit und der Zenturio ließ ihn sogar einmal dabei helfen, das Feldzeichen zu tragen. Der kleine Gaius wurde vor Stolz gleich ein Stückchen größer. Hier bei den Soldaten gefiel es ihm.

Zwei Tage später – Vipsania Agrippina hatte schon hysterische Anfälle – kam einer der Sklaven, die Gaius suchen sollten, zum Heerlager. Hinein durfte er nicht, aber er gab die Suchmeldung an die Wache weiter. Das Ganze machte die Runde, und einer der Soldaten kam ins Grübeln: Da gab es doch im Lager diesen kleinen Jungen, der unbedingt Legionär werden wollte! Vielleicht war das ja der Kleine von Germanicus! Einen Versuch wäre es zumindest wert, und wenn er Recht hätte, wäre das sicherlich nicht zu seinem Schaden. Er nahm den

kleinen Gaius an die Hand und machte sich auf den Weg zu Germanicus. Der war inzwischen von seinem Feldzug nach „Bergisch Gladbach“ zurück und schimpfte nun mit seiner Frau, weil sie nicht aufgepasst hatte. Ein Sklave meldete einen Legionär, der einen kleinen Jungen dabei hatte. Germanicus ließ bitten.

Für besagten Legionär hatte sich das Ganze gelohnt: Als er von Germanicus zurück ins Lager kam, war er ein frischgebackener Zenturio und verdiente ungefähr das Zehnfache. Und der kleine Gaius? Den hatte Vipsania Agrippina zuerst in die Badewanne gestopft und gründlich abgeschrubbt. Doch als sie „die schrecklichen Stiefel“ wegwerfen wollte, fing der kleine Gaius an zu weinen. Das beeindruckte Vipsania Agrippina nicht besonders, aber Germanicus sprach ein Machtwort: „Das ist mein Sohn! Der hat das Militär schon genauso in den Knochen wie sein Vater. Da können wir stolz drauf sein! Lass den Jungen mal ...“ Der kleine Gaius durfte die Stiefelchen also behalten, und weil er sie gar nicht mehr ausziehen wollte, wurde er bald „Caligula“ genannt, was auf Latein soviel wie „Soldatenstiefelchen“ bedeutet.

Bleibt nachzutragen, dass Caligula später tatsächlich ganz groß herauskam. Am 18. März des Jahres 37 wurde er sogar römischer Kaiser. Allerdings kein guter, er war verrückt und grausam. Deswegen wurde er am 24. Januar des Jahres 41 auch ermordet – ausgerechnet von Soldaten ...

Woröm es dä Kölner Dom ene „Neubau"?

Warum ist der Kölner Dom ein „Neubau"?

Weil es an derselben Stelle schon Vorläufer der berühmten Kathedrale gegeben hat. Bereits im späten 4. oder im 5. Jahrhundert entstand unter dem Chor des heutigen Domes ein 30 bis 40 m langer Apsidenbau, vielleicht schon eine erste Kirche. Die bestand allerdings nicht lange, denn noch im 5. oder spätestens im frühen 6. Jahrhundert wurde dort mit ähnlichen Ausmaßen neu gebaut, und weil in diesem Bau fränkische Fürstengräber untergebracht wurden, gehen Archäologen von einer kirchlichen Nutzung aus. Wieder etwas später – in der zweiten Hälfte des 6. Jahrhunderts – entstand auf den Grundmauern des alten Gebäudes ein weiterer Bau, der bereits klar als Kirche erkennbar war. Dieser „erste Dom" bestand bis etwa um 800.

Der so genannte Hildebold-Dom, der unmittelbare Vorgängerbau des heutigen Domes, war der nächste Bau an gleicher Stelle. Er wurde am 27. September 873 geweiht. Der Namensgeber und Bauherr, Erzbischof Hildebold, war übrigens zu dieser Zeit bereits seit langem verstorben. Im Jahre 1248 sollte der Hildebold-Dom nach und nach abgerissen werden, um mit dem

Bau des neuen goti-
schen Domes beginnen zu kön-
nen. Leider brannte bei dem Versuch,
den Ostchor durch Feuer abzureißen, 1248 bei-
nahe der gesamte Bau ab. Die Westteile wurden provisorisch wiederherge-
stellt, damit in ihnen Messen gefeiert werden konnten. Noch im selben Jahr
wurde mit dem Bau des heutigen Kölner Domes begonnen. Wie gesagt: Ein
„Neubau“ ...

Woröm weed dä Brunnen am Dom „drügge Pitter“ jenannt?

Warum wird der Brunnen am Dom „drügge Pitter“ genannt?

Heute wäre das keine Frage! Wenn jetzt Brunnen „trockengelegt“ werden, ist das eine städtische Sparmaßnahme. Aber die Geschichte des „drüggen Pitters“ beginnt lange vor Haushaltsdefiziten und Wirtschaftskrisen, nämlich im Jahr 1870. Damals stiftete die preußische Königin und spätere deutsche Kaiserin Augusta den Brunnen als Geschenk für die Stadt Köln. Den offiziellen Namen „Petrusbrunnen“ verdankt er einer Figur des Heiligen, die ganz oben auf einer Säule steht.

So weit, so gut. Oder vielmehr so schlecht, denn in Sachen Wasserversorgung war beim königlichen Geschenk von Anfang an „der Wurm drin“. Zuerst fehlte die Wasserleitung, und nachdem das erledigt war, war der Wasserfluss nicht regelmäßig. Mal funktionierte der Brunnen, meistens aber nicht, was ihm bei den Kölnern den liebevoll ironischen Spitznamen

„drügge Pitter“ einbrachte. Erst 2009, also nach sage und schreibe 139 Jahren, wurde dieses Problem im Zuge von Restaurierungsarbeiten endgültig gelöst.

Es „Im Ferkulum" jet met Schweinerei?

Was hat die Straße „Im Ferkulum" mit Schweinerei zu tun?

Nette Idee (welche Stadt könnte schon eine „Ferkelstraße" vorweisen?), aber leider nicht zutreffend: Der Begriff „Ferkulum"

ist eine Abwandlung des lateinischen Begriffs „fericulum“. Das bedeutet Tragegestell oder Speisebrett.

Und mit so einem „fericulum“ trugen die Bauern vor sehr langer Zeit ihren „Zehnten“ zum Stift St. Severin, sozusagen eine Art „Kirchensteuer“ in Naturalien. Wobei sicherlich auch das ein oder andere Ferkel dabei gewesen sein wird ...

Fußnote am Rande: Bundesweit bekannt wurde die Straße „Im Ferkulum“ 1986 durch die Kölner Rockband BAP, die das Coverfoto ihres Albums „Ahl Männer, aalglatt“ im Friseursalon Ippen aufnehmen ließ. Und diese „sensationell fäädije Location“ (so der Text auf dem Cover) befindet sich Im Ferkulum 8, in Sichtweite des Severinstores.

Woröm han de „Bläck Fööss" nix met Schwatz ze dun?

Warum haben die „Bläck Fööss" nichts mit der Farbe Schwarz zu tun?

Ganz einfach: Weil sie am Anfang ihrer Karriere barfuß (= op bläcke Fööss) aufgetreten sind. Nichts Besonderes? Ganz im Gegenteil – 1970, als mit „Rievkoochewalzer" und „Silverhuhzick" die erste Single der Band erschien, war der Kölner Karneval an seinem Tiefpunkt angelangt. Vergreiste Traditionalisten feierten sich selbst und gingen ansonsten zum Lachen in den Keller. In diesem Szenario wirkten die „Bläck Fööss", die ansonsten eigentlich unter dem Namen „Stowaways" hauptamtlich Rock- und Popmusik machten, wie die pure Anarchie. Denn anstatt in „netten Clownskostümen" aufzutreten, erschienen die „Fööss" so, wie sie gerade waren, auf der Bühne. Sprich, in Jeans und T-Shirt und mit für damalige Verhältnisse unverschämt langen Haaren. Tja, und dann zogen sie sich als Gag auch noch die Schuhe aus. Was zur Folge hatte, dass ihnen das empörte Publikum Schuhe auf die Bühne warf …

Heute sind die „Bläck Fööss“ aus dem Kölner Stadtleben gar nicht mehr wegzudenken. Zum einen, weil sie im Laufe der Jahre unzählige Songs geschrieben haben, die nicht nur buchstäblich jedes Kind kennt, sondern die inzwischen auch so etwas wie – im wahrsten Sinne des Wortes „Volksliedcharakter“ haben. Und zum anderen, weil es letztendlich ihnen zu verdanken ist, dass sich der Karneval verändert hat. Heute gibt es für jeden Geschmack das passende Angebot, man kann einfach wieder losziehen und Spaß haben. Sie haben den Weg für einen anderen Karneval geebnet, Veranstaltungen wie die legendäre „Stunksitzung“ hätten es ohne die „Bläck Fööss“ mit einiger Sicherheit schwerer gehabt, sich zu etablieren.

Woröm steiht ene Kölner Erzbischof met Diebstahl en Verbindung?

Warum steht ein Kölner Erzbischof mit Diebstahl in Verbindung?

Wir schreiben den 31. Dezember 1946. Der Krieg ist zu Ende, Köln liegt in Schutt und Asche, und es ist kalt. Sehr kalt sogar. Doch in der St. Engelbert Kirche in Köln-Riehl drängeln sich die Menschen, denn die Silvesterpredigt hält kein Geringerer als der überaus beliebte Josef Kardinal Frings. Und was er den Menschen diesmal zu sagen hat, ist in der Tat außergewöhnlich: „Wir leben in Zeiten, da in der Not auch der Einzelne das wird nehmen dürfen, was er zur Erhaltung seines Lebens und seiner Gesundheit notwendig hat, wenn er es auf andere Weise, durch seine Arbeit oder durch Bitten, nicht erlangen kann."

Pragmatischer Katholizismus in Zeiten der Not, der später unter dem Begriff „fringsen" (= Mundraub) sogar Einzug in den Duden hielt. Ein echter „Freibrief" war die Predigt jedoch nicht, denn „ich glaube, dass in vielen Fällen weit darüber hinausgegangen worden ist. Und da gibt es nur einen Weg: unverzüglich unrechtes Gut zurückgeben, sonst gibt es keine Verzeihung bei

Gott“, so der Kardinal im weiteren Verlauf seiner Predigt. Aber das hatten die Kölner scheinbar irgendwie nicht mehr mitgekriegt, jedenfalls begannen sie nach jener Predigt in Scharen damit, die Züge, die Briketts aus dem Vorgebirge ins Ruhrgebiet brachten, regelrecht „auszuräumen“: Ein paar Mann sprangen auf die langsam fahrenden Züge und warfen Briketts hinunter, die dann flugs eingesammelt wurden.

Über dieser berühmt gewordenen Predigt sind die anderen Taten des Josef Kardinal Frings leider in Vergessenheit geraten. So war er beispielsweise während des III. Reichs erklärter Gegner der Judenverfolgung, die er öffentlich als „himmelschreiendes Unrecht“ bezeichnete. Seine Popularität bewahrte ihn vor Repressalien, er stand jedoch unter intensiver Beobachtung durch die Gestapo. 1958 entstand auf seine Initiative das Hilfswerk Misereor, 1961 folgte – ebenfalls auf seine Anregung – das Hilfswerk Adveniat.

Woröm hät Kölle de friedlichste Armee vun dä Welt?

Warum hat Köln die friedlichste Armee der Welt?

Wann genau die ersten „Roten Funken" – wie die Kölner Stadtsoldaten wegen ihrer rot-weißen Uniform genannt wurden – im Stadtbild auftauchten, lässt sich heute leider nicht mehr genau feststellen. Sicher ist, dass die „freie Reichsstadt Cölln" nach dem Reichstagsbeschluss von 1654 ein Kontingent von 383 Fußsoldaten zu stellen hatte, zu deren Stadtkommandanten 1784 Caspar Josef Carl von Mylius ernannt wurde, der Sohn des damaligen Kölner Bürgermeisters.

Historisch verbürgt ist auch, dass die „Roten Funken" seinerzeit in Köln nicht sehr hoch angesehen waren und schlecht bezahlt wurden. Insofern dürfte die Moral der Truppe nicht allzu hoch gewesen sein, doch das gilt bekanntlich für viele Soldaten. Wie also wurden die „Roten Funken" zur „friedlichsten Armee der Welt"?

Um das zu verstehen, müssen wir die Zeit um rund 230 Jahre zurückdrehen. In den Wirren der Französischen Revolution hatte der korsische General Napoleon Bonaparte immer mehr Macht und Einfluss erhalten und führte seitdem gegen halb Europa Krieg. Auch das Deutsche Reich – wie es damals noch hieß – blieb davon nicht verschont, und so geschah es, dass am 6. Oktober 1794 die „Grande Armee“ vor den Toren der freien Reichsstadt Cölln auftauchte. Während man im Kölner Rat noch

überlegte, was denn nun am besten zu tun sei, standen die Stadtsoldaten, die „Roten Funken", auf der Stadtmauer und beobachteten das Spektakel, das sich ihnen bot. Wie gesagt, die Moral der Truppe war nicht die beste und überhaupt: Auch ein schlechter Soldat tut nichts ohne Befehl, und der Befehl, sich gegen die Franzosen zu verteidigen, war bislang ausgeblieben. Faireweise muss man allerdings sagen, dass den „Roten Funken" schon auf den ersten Blick klar gewesen sein müsste, dass sie im Verteidigungsfall nicht die Spur einer Chance gehabt hätten, denn Napoleon gebot damals über eine der größten und modernsten ausgestatteten Armeen der Welt. Umgekehrt hatten die Franzosen nicht die leiseste Ahnung, dass ihnen nur rund 400 schlecht ausgerüstete Soldaten gegenüberstanden. Also brachte man die Kanonen in Stellung und begann die Kölner Stadtmauern zu beschießen. Ein Angriff, der die Kölner Stadtsoldaten ebenso entsetzte wie erstaunte, denn schließlich hatte man selbst nicht einen einzigen Schuss abgegeben. Wie erstaunt die „Roten Funken" tatsächlich gewesen sein müssen, beweist die folgende überlieferte Aufforderung an die Franzosen: „Jetz hührt doch endlich ens op ze scheeße", ließ man die Franzosen verärgert wissen, „seht ihr dann nit, dat he Lück ston?" Deutlicher ist wohl noch nie in der Militärhistorie ausgedrückt worden, dass man mit keinerlei Gegenwehr zu rechnen habe …

Bleibt nachzutragen, dass Köln von den Franzosen tatsächlich ohne Schlacht eingenommen wurde, und die „Roten Funken" taten das einzig Richtige: Sie stellten die Waffen in die Ecke und gingen einfach nach Hause.

Erst rund 30 Jahre später, im Februar 1823, tauchten wieder „Rote Funken" in Köln auf, nämlich als eine der Gruppen im ersten Kölner Rosenmontagszug auf dem Neumarkt. Aber das ist wieder eine andere Geschichte …

Woröm heiß et „Heide-witzka, Herr Kapitän"?

Warum heißt es „Heidewitzka, Herr Kapitän"?

Glaubt man der Internet-Enzyklopädie „Wikipedia", dann soll das „Heidewitzka" in Karl Berbuers Karnevalsschlager „Heidewitzka, Herr Kapitän" lautmalerisch Schnelligkeit verdeutlichen: „Heidewitzka, schon sind wir in Mülheim …" Nette Interpretation, aber leider unzutreffend.

Um Berbuers hintersinnigen Humor wirklich zu verstehen, ist ein Zeitsprung notwendig. Nämlich ins Jahr 1936, dem Entstehungsjahr von „Heidewitzka, Herr Kapitän". Die Nationalsozialisten sind seit drei Jahren an der Macht, und die verstehen keinerlei Spaß – erst recht nicht, wenn es um die eigene Person geht. Dementsprechend wurde der Karneval mit Argusaugen beobachtet. Es ist bezeichnend, dass ein harmloser Witz über Mussolini („Ich wor en Rom un wollt dä Mussolini besöke, ävver dä wor nit zohuss. Ich hätt et wesse müsse, denn op dä Schell stunt jo ald „Ben nit do. Mussolini"." – ein harmloses Wortspiel mit Mussolinis Vornamen Benito) schon dazu führte, dass der Redner noch auf der Bühne verhaftet wurde. Wer sich über Hitler und seine Schergen ungestraft lustig machen wollte, musste sich also etwas einfallen lassen.

Bäckermeister Karl Berbuer war wiederum ein Meister des hintersinnigen Humors, den er schon vorher (und erst recht hinterher) in über 100 Karnevalsschlagern unter Beweis gestellt hat, so stammt beispielsweise auch der ironische „Trizonesien-Song", der zeitweilig sogar zur „inoffiziellen Nationalhymne" avancierte, aus seiner Feder.

„Auf der Straße, da grüßten Leute, die nicht gern mit Heil Hitler grüßten, mit Heidewitzka, weil da dieselben Vokabeln drin sind: Heidewitzka, Herr Kapitän, mit dem Müllemer Bötchen fahre mir su jän ...", erinnert sich Berbuer 1973 in einem Interview. Und dabei wurde der Arm zum unverdächtigen „Alaaf" gehoben, das ja dem Hitler-Gruß durchaus nicht unähnlich ist. Bleibt nachzutragen, dass Berbuer damit ungeschoren davon kam – er starb 1977 im Alter von 77 Jahren in Köln.

Woröm es en Kölle en Schull noh ener Hex benannt?

Warum ist in Köln eine Schule nach einer Hexe benannt?

Ein ganz dunkles Kapitel der Stadtgeschichte: Im 15. Jahrhundert war Köln ein Zentrum der Hexenverfolgung in Deutschland. Auslöser war damals ein Buch: Der „Hexenhammer" (Malleus Maleficarum), das der Dominikaner Heinrich Kramer 1486 in Speyer veröffentlichte, und das am 19. Mai 1487 von mehreren Theologen der Kölner theologischen Fakultät gewissermaßen seinen „Segen" bekam. Dieses Buch – in dem „nachgewiesen" wurde, dass „Frauen für schwarze Magie anfällig" seien – löste eine Art Massenhysterie aus, die in Hexenverbrennungen gipfelte. Am 19. Mai 1627 wurde Katharina Henoth als letzte „Hexe" in Köln verbrannt. Zum Gedenken an diese Frau heißt eine Kölner Gesamtschule heute Katharina-Henoth-Schule.
Wie es zu diesem völlig absurden Hexenprozess überhaupt kommen konnte, zeigt die folgende Geschichte:

Ausgeguckt

Köln im Winter 1626. Ein Tag wie gemalt – Sonnenschein und kalte, klare Luft. Die Stadt bereitete sich auf das nahende Weihnachtsfest vor, nur im Kloster St. Klara, direkt am Römerturm, war die Stimmung alles andere als festlich. Denn die Nonne Sophia Agnes von Langenberg, bislang als „lebende Heilige" verehrt, hatte die Aufmerksamkeit des päpstlichen Nuntius Pietro Francesco Montoro erregt: Konnte sie – wo doch ihr Vater Berater eines protestantischen Fürsten war und ihrer Mutter

Verbindung mit Zauberei nachgesagt wurde – tatsächlich eine Heilige sein? Waren die Wunder, die ihr nachgesagt wurden, nämlich Visionen, die sie angeblich direkt mit Christus selbst in Kontakt gebracht hatten, sowie die Nonne, die im Februar 1622 auf Sofias Fürbitte von einem schmerzhaften Beinleiden plötzlich genesen war, vielleicht nichts anderes als Teufelswerk? Pietro Francesco Montoro war nicht der Mann, der seine Zweifel für sich behielt. Er ließ eine Untersuchungskommission einberufen, die seine Zweifel jedoch auch nicht zerstreuen konnte.

Um weitere Turbulenzen zu vermeiden, hatte sich Generalvikar Johannes Gelenius entschlossen, Sophia Agnes von Langenberg aus dem Kloster zu entfernen. Am 28. Mai 1626 wurde sie vom Generalvikar persönlich ins kurfürstliche Schloss nach Lechenich gebracht und dort inhaftiert. Dies jedoch mit allem Komfort, sprich mit Personal und Heizung – schließlich war noch nicht bewiesen, dass Sophia nicht vielleicht doch eine Heilige war. Letzte Sicherheit sollte die erneute Untersuchung ergeben, die Kurfürst Ferdinand befohlen hatte – notfalls sollte sogar die Folter eingesetzt werden, um zu einem definitiven Urteil zu kommen. Also war es in diesem Winter 1626 zu einer erneuten Überprüfung der „heiligen Sophia“ gekommen.

Katharina Henoth ahnte von diesen Vorfällen nichts. Jedenfalls noch nicht. Sie ging an diesem Tag – wie an jedem anderen auch – ihren Aufgaben als Postmeisterin von Köln nach. Ein einflussreicher, wenn auch nicht ganz einfacher Beruf, denn Graf Leonard von Taxis versuchte gerade, ein einheitliches Postwesen zu etablieren. Ein Vorhaben, gegen das die resolute

Katharina erfolgreich am Reichskammergericht geklagt hatte.

Der „heiligen Sophia“ erging es unterdessen schlecht. Einige ihrer „Mitnonnen“ hatten sie der Besessenheit bezichtigt, und das hatte wiederum den Folterknecht auf den Plan gerufen. Seinen Methoden war auch der Teufel nicht gewachsen. ... Im verzweifelten Bemühen, der Untersuchungskommission wenigstens etwas zu sagen und sich damit der Aufmerksamkeit des Folterknechts zu entziehen, bezichtigte Sophia Katharina Henoth, mit ihr im Kloster St. Klara in Köln „Maleficia und Zauberwerk“ verübt zu haben. Ein Gerücht, das sich schnell verbreitete und eine gewisse Eigendynamik annahm. Es dauerte nicht lange, bis man Katharina für eine Raupenplage und den Tod mehrerer Menschen verant-

wortlich machte. Der kurfürstliche Hofrat reichte daher am 11. Dezember 1626 eine Klage gegen Katharina Henoth ein, die am 9. Januar 1627 zu ihrer Verhaftung führte. Ihr anschließendes Gesuch auf Freilassung durch Kaution wurde ebenso abgelehnt wie eine angemessene Verteidigung. In der folgenden Zeit versuchte man vergeblich, Katharina Henoth durch Folter ein Geständnis abzupressen. Dies ist insofern bemerkenswert, weil nach damals geltendem Recht Beschuldigte freigelassen werden mussten, wenn auch die Folter kein Geständnis zutage brachte. Nicht so bei Katharina Henoth. Sie wurde am 19. Mai 1627 als letzte „Hexe" von Köln auf Melaten verbrannt. Historiker vermuten heute hinter diesem untypischen Prozess eine Intrige des Grafen von Taxis, um doch noch die angestrebte Neuordnung des Postwesens durchzusetzen.

Bleibt nachzutragen, dass auch Sophia von Langenberg, die ehemals „heilige" Nonne, wegen Hexerei zum Tode verurteilt wurde. Sie wurde am 30. Januar 1627 stranguliert und anschließend in Hettikoven beerdigt.

Woröm weed de Kneip „Früh em Veedel" „Invalidendom" jenannt?

Warum wird die Kneipe „Früh em Veedel" „Invalidendom" genannt?

Eigentlich ist mit dem „Invalidendom" eine ganz andere Kneipe gemeint, nämlich der Ausschank der legendären Brennerei Hermanns, die sich früher in diesen Räumen befand. Hier trafen sich nach dem Ersten Weltkrieg die Kriegsveteranen, was im Volksmund zum leider zutreffenden, wenn auch arg ironischen Spitznamen „Invalidendom" führte. Als 1979 aus der Brennerei Hermanns „Früh em Veedel" wurde, blieb der alte Spitzname haften. Bevor der Bau der Nord-Süd-U-Bahn das Severinsviertel weitgehend lahm legte, war der „Invalidendom" übrigens häufig auch Startpunkt einer geradezu legendären Kneipentour, bei der es galt, in jeder Kneipe auf der Severinstraße nur ein Kölsch zu trinken ... Wie berichtet wurde, ist es nur sehr wenigen tatsächlich gelungen, auf eigenen Beinen bis ans Ziel an der Cäcilienstraße zu kommen.

Wer übrigens eine typische Kölner Kneipe ohne „Touristenfolklore“ und mit normalen Preisen kennen lernen möchte, ist mit dem „Invalidendom“ direkt neben dem Severinstor bestens beraten ...

Woröm es de Jungfrau ene Mann?

Warum ist die Jungfrau ein Mann?

Um eine lange Geschichte einigermaßen kurz zu machen: Die Gestalt der Kölner Jungfrau im Karneval geht vermutlich auf die Legende der heiligen Ursula zurück, die zur Römerzeit mit ihrem Gefolge von 11000 Jungfrauen in Köln den Märtyrertod gestorben sein soll. Als Figur im Kölner Karneval wurde sie erstmals um 1570 erwähnt. Sie symbolisiert die freie, unabhängige und keiner Macht unterworfene Stadt Köln und trägt als Zeichen der Unbesiegbarkeit eine stilisierte Mauerkrone auf dem Kopf. Doch das allein erklärt ja noch nicht, warum ausgerechnet die Jungfrau traditionell von einem Mann dargestellt wird!

Um das zu verstehen, müssen wir die Uhr der Geschichte um fast 2000 Jahre zurückdrehen. Die damalige römische Kolonie Colonia Claudia Ara Agrippinensium hatte das Recht, die gleichen Feste zu feiern wie die römischen Kolonialherren. Dazu gehörten auch die Saturnalien – ein Fest, das zu Ehren des Gottes Saturn gefeiert wurde und an dem man sich möglichst verrückt verkleidete. Außerdem war für die Dauer der Saturnalien die ansonsten geltende Hierarchie auf den Kopf gestellt. Parallelen zum heutigen Fastelovend sind also nicht von der Hand zu weisen. Als Kaiser Konstantin im Jahr 343 das Christentum zur Staatsreligion erklärte, vermischten sich viele heidnische Feste mit christlichen Riten, und so wurde aus den Saturnalien eben Karneval – die letzten Tage vor der Fastenzeit, in denen noch einmal nach Herzenslust über die Stränge geschlagen werden durfte. Dieser „halbchristliche" Hintergrund erklärt auch, warum ausgerechnet ein Mann die „Jungfrau" im Karneval gibt. Denn der

römisch-katholische Glaube war von Anfang an eine Männerdomäne – egal, ob es nun darum geht, eine Messe zu zelebrieren oder Karneval zu feiern. Wobei sich zumindest Letzteres heute Gott sei Dank geändert hat.

Als Fußnote sei noch erwähnt, dass es in der langen Geschichte der kölschen Jungfrau auch zwei Jahre gab, in denen sie in der Tat von einer Frau dargestellt wurde, nämlich 1938 und 1939. Damals hatte die NSDAP wegen des Verdachts der damals strengstens verbotenen Homosexualität auf tatsächlich weibliche Jungfrauen bestanden. Das Gleiche galt auch für Funkenmariechen, die bis dahin ebenfalls von Männern dargestellt und bereits 1936 durch Frauen ersetzt wurden. Der Zweite Weltkrieg machte 1940 diesem Spuk ein Ende, und als 1949 der erste Rosenmontagszug der Nachkriegsgeschichte lief, war die Jungfrau wieder traditionell ein Mann. Nur die weiblichen Funkenmariechen wurden beibehalten. Es jo och schöner ...

Woröm jitt et en Kölle de Hausnummer Null?

Warum gibt es in Köln eine Straße mit der Hausnummer Null?

Tatsache: In der Kaygasse (Nähe Griechenmarkt) gibt es tatsächlich die Hausnummer Null – wenn auch nicht als offizielle postalische Anschrift, sondern als Hommage an eines der bekanntesten Kölner Lieder: „En d'r Kayjass Nummer Null".

Besagtes Lied ist jedoch wieder ein Stück Stadtgeschichte. Fakt ist, dass es den im Lied erwähnten „Lehrer Welsch" tatsächlich gegeben hat. Heinrich Welsch wurde am 29. Mai 1848 in Arzdorf geboren und gründete 1905 die erste Hilfsschule im damals gerade eingemeindeten Stadtteil Kalk. Als Rektor dieser Schule (die übrigens in der Hollweghstraße lag) engagierte sich Welsch nicht nur für seine benachteiligten Schüler, sondern auch für unverheiratete Mütter, die zu damaligen Zeiten wegen ihres „Fehltritts" oft aus der Gesellschaft ausgestoßen wurden. Dieses Engagement machte Welsch weit über Kalk hinaus bekannt und führte dazu, dass die Kölner Straßensängergruppe „Drei Laachduve" nach Welschs Tod am 7. Juni 1935 ein Lied über ihn schrieb. „En d'r Kayjass Nummer Null" (Text: Will Herkenrath, Musik:

Hermann Kläser und Heinz Jung) wurde erstmals in der Karnevalssession 1937/38 aufgeführt und verlegte das Geschehen kurzerhand von Kalk an den Griechenmarkt – nicht zuletzt, weil es auch dort eine Hilfsschule gab und „Kayjass“ besser zu singen war als „Hollweghstroß“.

Ein echter Hit wurde die „Kayjass“ allerdings erst ab 1947, denn damals griff die legendäre Gesanggruppe „De Vier Botze“ das Lied auf und machte es über die Stadtgrenzen Kölns hinaus bekannt.

Heute erinnert in der Kaygasse eine Gedenktafel an das Lied und an den Standort, der im Lied erwähnten Schule. Das Grab von Lehrer Welsch auf dem Kalker Friedhof ist heute ein Ehrengrab. Hät hä och verdeent!

En d'r Kayjass Nummer Null steiht en steinahl Schull
un do hammer dren studeet.
unser Lehrer, dä hieß Welsch,
sproch en unverfälschtes Kölsch
un do hammer bei jelihrt.
Un da hammer hin un her övverlaat
un han für dä Lehrer jesaht:
Nä, nä dat wesse mer nit mih, janz bestemp nit mih
un dat hammer nit studeet.
Denn mer wore beim Lehrer Welsch en d'r Klass
un do hammer sujet nit jelihrt.

Ävver, ävver, ävver dreimol Null es Null, es Null,
denn mer woren en d'r Kayjass en d'r Schull;
dreimol Null es Null, es Null,
denn mer woren en d'r Kayjass en d'r Schull.

Es en Schiev kapott, es ene Müllemmer fott,
hät d'r Hungk am Stätz en Dos':
Kütt dä Schutzmann anjerannt,
hät uns Pänz dann usjeschannt, –
saht: Wat maat ihr vier dann bloß!

Un da hammer widder hin un her övverlaat
un han för dä Schutzmann jesaht:

Nä, nä dat wesse mer nit mih, janz bestemp nit mih
un dat hammer nit studeet.
Denn mer wore beim Lehrer Welsch en d'r Klass
un do hammer sujet nit jelihrt.

Ävver, ävver, ävver dreimol Null es Null, es Null,
denn mer woren en d'r Kayjass en d'r Schull;
dreimol Null es Null, es Null,
denn mer woren en d'r Kayjass en d'r Schull.

Neulich krät uns en d'r Jass die Frau Käzmann beim Fraaß, –
saht: Wo wollt ihr vier dann hin?
Uns Marieche sitz zo Hus,
weiss nit en un weiss nit us:
Einer muss d'r Vatter sin!

Un da hammer widder hin un her övverlaat
un han för die Käzmanns jesaht:
Nä, nä dat wesse mer nit mih, janz bestemp nit mih
un dat hammer nit studeet.
Denn mer wore beim Lehrer Welsch en d'r Klass
un do hammer sujet nit jelihrt.

Woröm jitt et de „Kölschstang"?

Warum gibt es die „Kölschstange"?

Weil Kölsch, zumindest theoretisch, schnell schal wird (praktisch allerdings eher selten ...) und die schmalen Gläser diesen Prozess ein bisschen verzögern. Viel „romantischer" ist hingegen jene Geschichte zum Thema:

Das Geheimnis der Kölschstange

Doktor Kannebäcker war früher, im alten Köln, ein angesehener Wissenschaftler. Er hatte Medizin und Chemie studiert und arbeitete in seinem Labor an so verschiedenen Dingen wie Eau de Cologne und Hustensaft, worin er – bei aller Bescheidenheit – ziemlich gut war. Kurz: Doktor Kannebäcker war eine stadtbekannte Persönlichkeit. Ihm selbst war das (wie den meisten Wissenschaftlern) völlig gleichgültig, aber seine Frau Emmi sah das völlig anders. Denn ihr Mann war schließlich ein Doktor, ein Wissenschaftler, ein Entdecker – also „etwas Besseres". Und wenn man schon „etwas Besseres" ist, dann muss man bestimmte Erwartungen erfüllen. Wegen der Leute. Denn die fangen sonst an zu reden und sie, Emmi Kannebäcker, wäre am Ende blamiert. Deswegen war sie ängstlich darauf bedacht, dass ihr Mann möglichst nichts verkehrt machte. Sie achtete darauf, dass er morgens seinen Hut nicht vergaß, dass er einen standesgemäßen Anzug trug und sich regelmäßig bei den „richtigen Leuten" sehen ließ. Leider war Letzteres etwas, womit Doktor Kannebäcker wirklich überhaupt nichts am Hut hatte, er ging lieber ins Brauhaus, um in aller Ruhe zwischen Kutschern und Hafenarbeitern zwei, drei Kölsch zu trinken. Etwas, das Emmi unter keinen Umständen dulden konnte. Wenn er schon trinken musste, dann Wein mit einem Stadtrat oder einem Professor, aber auf keinen Fall Kölsch mit irgendwelchem Abschaum! Das schickte sich einfach nicht! Also verbot Emmi ihrem Mann, ins Brauhaus zu gehen, und wenn gestandene Nippeser Metzgerstöchter wie Emmi etwas verbieten, dann ist das wie das elfte Gebot.

Für den armen Doktor Kannebäcker war es nicht leicht. Einmal die Woche mit einem stinklangweiligen Stadtrat und seiner aufgetakelten Frau Wein zu trinken ging ja noch, aber nicht mehr ins Brauhaus zu dürfen war eine echte Strafe. Normalerweise hätte er das Verbot einfach ignoriert, aber Emmi hatte jede Menge Freundinnen und so konnte er davon ausgehen, dass er unter Beobachtung stand. Zum Glück gab es noch seinen Assistenten! Den beachtete niemand, wenn er mit einem Krug ins Brauhaus ging! Also schickte Doktor Kannebäcker seinen Assistenten ins Brauhaus, um einen Krug Kölsch zu holen. Und weil er in seinem Labor weder Gläser noch Tassen hatte, wurde das Kölsch eben aus Reagenzgläsern getrunken. Die darüber hinaus auch noch den Vorteil hatten, dass sie bei einem plötzlichen Kontrollbesuch von Emmi die perfekte Tarnung abgaben. Seine Frau kam nie auf die Idee, dass die gelbe Flüssigkeit in den Reagenzgläsern Kölsch sein könnte.

Doktor Kannebäcker bewahrte sein kleines Geheimnis ein Leben lang. Erst als er tot war (und Emmi eine hochbetagte Frau) lüftete der Assistent des Doktors das Geheimnis. Mit dem Ergebnis, dass ganz Köln schmunzelte – der Doktor war also auch in dieser Beziehung erfinderisch gewesen! Bei den Studenten galt es nun als schick, Kölsch aus Reagenzgläsern zu trinken, und bei dieser Gelegenheit machte man die Entdeckung, dass ein schnell gezapftes und schnell getrunkenes Kölsch aus dem Reagenzglas wesentlich besser schmeckte als ein Kölsch aus dem Humpen. Gut, man musste ein paar Reagenzgläser mehr austrinken, um so viel Alkohol hineinzukriegen wie bei einem Bierhumpen, aber das war schließlich das geringste Problem. Wichtig war der Geschmack! Also gingen die Studenten hin und statteten ihre Kneipen mit Reagenzgläsern für den Kölschgenuss aus. Von dort aus

kamen die neuen Gläser in die anderen Brauhäuser und Wirtschaften in Köln, wurden im Laufe der Zeit noch etwas verbessert und das war die Geburtsstunde der „Kölschstange“, in der heute traditionell Kölsch ausgeschenkt wird.

Wie kumme de Hellije Drei Künning noh Kölle?

Wie kommen die Heiligen Drei Könige nach Köln?

Oder, anders gefragt: Was haben drei Weise aus dem Orient mit Köln zu tun? Um ehrlich zu sein: Ob der prächtige Schrein, der am Hochaltar des Domes steht, tatsächlich die Gebeine der drei Männer beinhaltet, von denen in der Bibel die Rede ist, weiß niemand mit Sicherheit. Laut Legende soll die Mutter des Kaisers Konstantin I. um das Jahr 326 auf einer Pilgerfahrt in Palästina die Gebeine der Könige gefunden und mitgenommen haben. Wenig später soll Bischof Eustorgius von Mailand die Reliquien als Geschenk des Kaisers erhalten und persönlich zu seinem Bischofssitz Mailand überführt haben. Gewisse Zweifel sind angebracht. Wie konnte die Mutter Kaiser Konstantins zufällig gefundene Gebeine eindeutig als die der drei Weisen identifizieren? Doch Fakt ist, dass besagte Reliquien im 12. Jahrhundert tatsächlich noch in Mailand aufbewahrt wurden. 1158 wurden sie wegen der Belagerung Mailands durch Friedrich Barbarossa von der Eustorgius-Kirche in den Glockenturm der Kirche St. Georg geschafft.

Um das Folgende zu verstehen, muss man wissen, dass Reliquien im Mittelalter eine sehr viel größere Bedeutung hatten als heute – sie waren gleichbedeutend mit geistlicher, weltlicher und auch wirtschaftlicher Macht, denn die Pilgerströme brachten natürlich Geld in die Städte. Dementsprechend gab es in ganz Europa einen schwunghaften Handel mit Reliquien – echten und gefälschten. Und je „wertiger", sprich, je näher am Leben Christi angesiedelt eine Reliquie war, desto bedeutender war sie. Insofern waren die Heiligen

Drei Könige also Reliquien von beträchtlichem Wert und großem Ansehen.

Nachdem Mailand gefallen war, erhielt der damalige Kölner Erzbischof Rainald von Dassel die Gebeine 1164 als Geschenk von Kaiser Barbarossa. Wobei dieser das noble Geschenk nicht ganz ohne Hintergedanken machte: Dadurch, dass die Gebeine in Köln aufbewahrt wurden, sollte das Reich Barbarossas eine sakrale Rechtfertigung ohne Abhängigkeit vom Papst erhalten. Was zeigt, wie hoch die Reliquien der Heiligen Drei Könige damals tatsächlich angesiedelt waren. Am 23. Juli 1164 gelangten die Könige nach Köln, was die Stadt neben Rom und Santiago de Compostela zu einem der herausragendsten Pilgerzentren des Mittelalters machte. Die Pilgerströme sind heute weitgehend versiegt, doch die Heiligen Drei Könige gehören seit nunmehr 847 Jahren zur Stadt, wie Dom und Rhein, obwohl sie zu Lebzeiten nie in Köln gewesen waren.

Woröm es Kölle nit Landeshauptstadt?

Warum ist Köln nicht Landeshauptstadt?

Ein Umstand, den die Stadt ausgerechnet Konrad Adenauer und der „großen Politik“ zu verdanken hat, wenn auch eher indirekt. Denn als 1949 die Bundesrepublik gegründet wurde, gelang es Adenauer durch geschicktes Taktieren, dass Bonn und nicht etwa Mitbewerber Frankfurt am Main zur Bundeshauptstadt bestimmt wurde. Nicht ganz uneigennützig, wie überliefert wird, denn Adenauer hatte in Rhöndorf bei Bad Honnef (also quasi „um die Ecke“) ein Haus, so dass eine Bundeshauptstadt Bonn für ihn bequem zu erreichen war. Zu seiner Ehrenrettung sei allerdings auch noch gesagt, dass Adenauer 1949 bereits 73 Jahre alt war, also nicht mehr der Jüngste.

Als wenig später darüber diskutiert wurde, welche Stadt denn nun nordrhein-westfälische Landeshauptstadt werden solle, war Köln natürlich auch im Gespräch. Dass es dann letztendlich doch Düsseldorf wurde (ausgerechnet!!) hängt damit zusammen, dass Adenauer in Köln geboren und viele

Jahre Oberbürgermeister der Stadt gewesen ist. Nachdem sich der „Alte aus Rhöndorf" bereits mit Bonn als Bundeshauptstadt durchgesetzt hatte, wollte man nun nicht auch noch seine Geburtsstadt zur Landeshauptstadt erheben, um jeden Anschein von „Personenkult" und „Adenauer'scher Machtfülle" direkt im Keim zu ersticken. Schließlich hatte man gerade die Schrecken des III. Reichs überstanden, und die Nazis waren bekanntlich wahre Meister des Personenkults …

Bleibt nachzutragen, dass Adenauer seit 1967 tot und Berlin seit Jahren schon wieder Hauptstadt ist. Insofern spräche eigentlich nichts dagegen, das mit Düsseldorf noch mal zu überdenken …

Woröm heiß en Kölle dä Friedhoff „Melaten"?

Warum heißt der Kölner Zentralfriedhof „Melaten"?

Der Name ist schnell erklärt: Auf dem Areal des heutigen Friedhofs befand sich ein Leprosenheim, das ab 1180 dokumentiert ist, vermutlich aber schon deutlich früher entstand. Dort lebten also kranke, oder wie man damals sagte „malade" Menschen. Aus „malade" wurde im Laufe der Jahrhunderte „Melaten". Aber das ist nur eine kleine Episode in der langen Geschichte dieses Areals.

Im Mittelalter war der dem Leprosenheim benachbarte Hof Melaten zum Beispiel eine der öffentlichen Hinrichtungsstätten der Stadt Köln. Die Verurteilten wurden damals auf einem sogenannten „Armsünderkarren" vom bischöflichen Gefängnis am Kölner Dom über die Breite Straße und die Ehrenstraße nach Melaten gebracht. Für die bedauernswerten Verurteilten war dieser letzte Weg ein wahrer Spießrutenlauf, denn innerhalb der Stadtmauern „durften" die Kölner Bürger die Todeskandidaten nach Belieben beschimpfen, schlagen oder mit Abfall bewerfen, erst an der Bäckerei Schmitz, die unmittelbar am Stadttor lag, hatte die Tortur ein Ende. Weswegen es

heute noch in Köln „Du bes noch nit lans Schmitz' Backes" heißt, wenn eine schwierige Situation noch nicht durchgestanden ist. Und man kam im Mittelalter schnell nach Melaten – 1529 starben dort zwei Protestanten wegen ihres „falschen Bekenntnisses" den

Feuertod, und Anfang des 17. Jahrhunderts fielen auf Melaten über 30 Frauen der Hexenverfolgung zum Opfer. Die letzte Hinrichtung auf Melaten fand am 13. Juli 1797 statt, vor einer zahlreichen Menschenmenge erhängte man dabei den Kirchenräuber Peter Eick.

Zum Zentralfriedhof der Stadt wurde Melaten erst durch ein Dekret des französischen Kaisers Napoleon vom 12. Juni 1804 – laut diesem Erlass waren Beerdigungen innerhalb von Städten, Dörfern und geschlossenen Gebäuden ab sofort verboten. Am 29. Juni 1810 weihte der Dompfarrer Michael Joseph DuMont den Melatenfriedhof ein, und die Friedhöfe innerhalb der Stadt wurden geschlossen. Als Zentralfriedhof wurde Melaten schon bald zu klein, so dass die Stadt Köln bald weitere Friedhöfe zur Entlastung bauen ließ.

Heute dient Melaten als Friedhof für die Verstorbenen aus dem Stadtbezirk Lindenthal und als letzte Ruhestätte vieler berühmter Kölner.

Woröm heiß dä hühste Berch vun Kölle „Mont Klamott"?

Warum heißt Kölns höchster Berg „Mont Klamott"?

Heißt er eigentlich gar nicht, denn die amtliche Bezeichnung lautet „Herkulesberg", aber das weiß kaum jemand. Der „Herkulesberg" hat eine absolute Höhe von 72,2 m ü.NN – für Köln eine beinahe alpine Höhe. Das Ganze hat allerdings einen traurigen Hintergrund: Der „Mont Klamott" ist der höchste von insgesamt elf (!) Hügeln, die nach dem Zweiten Weltkrieg aus den Trümmern des „ahle Kölle" aufgeschüttet wurden. Was sowohl den Namen „Mont Klamott" erklärt als auch das Ausmaß der Zerstörung in Köln dokumentiert.

Heute ist der „Mont Klamott" Teil des Inneren Grüngürtels und beliebter Treffpunkt der Lindenthaler Kinder. Im Sommer lockt der Spielplatz auf halber Höhe, im Herbst kann man auf der großen Wiese Drachen steigen lassen und in den seltenen Kölner „Schneewintern" ist der „Mont Klamott"

eine Rodelbahn, die bis hinunter zum Aachener Weiher führt.

Dank der „kölschen Nationalhymne“ „Mer loße d’r Dom en Kölle“ von den Bläck Fööss wurde der „Mont Klamott“ sogar über die Stadtgrenzen Kölns hinaus bekannt: „De Ihrestroß, die hieß vielleicht Sixth Avenue, oder de Nord-Süd-Fahrt Brennerpass. D’r Mont Klamott, dä heiss op eimol Zuckerhut, do köm et Panorama schwer en Brass. ...“, heißt es im Text.

Woröm weed Peter Müller „Müllers Aap" jenannt?

Warum heißt Peter Müller „Müllers Aap"?

Eine Frage, die sich eigentlich gar nicht mehr stellt, wenn man ein Foto von Mittelgewichtsboxer Peter Müller betrachtet – er sah (so die Internet-Enzyklopädie „Wikipedia") „fröhlich" aus. Hinzu kam seine geduckte Kampfhaltung, die seine Arme länger erscheinen ließ, und fertig war „Müllers Aap" (= „Affe Müller"). Unvergessen bleibt sein Kampf vom 8. Juni 1952, bei dem Müller den Ringrichter Max Pippow sauber k.o. schlug, nachdem dieser ihn zuvor angeblich beleidigt hatte:

„Da hab ich ihn ausgemacht." Die darauffolgende lebenslange Sperre wurde zwar nach zehn Monaten wieder aufgehoben, doch der lebenslustige Müller hatte in der Zwischenzeit bereits eine zweite Karriere als Catcher und Schlagersänger („Rädebomm, dä Jong, dä fällt nit öm") gestartet. Zu den zahlreichen Anekdoten rund um den beliebten Boxer gehört auch die Geschichte, dass er sich 1953 eine Mundharmonika in den Ring reichen ließ und darauf das Horst-Wessel-Lied spielte, das er irrtümlich für die deutsche Nationalhymne gehalten hatte.

Kurz: „Müllers Aap" war ein echtes Original, und als er am 22. Juni 1992 im Alter von 65 Jahren an den Folgen eines Schlaganfalls starb, begleitete ihn halb Köln auf seinem letzten Weg.

Woröm es dä Ganove „Schäfers Nas“ en Kölle su beliebt?

Warum ist der Ganove „Schäfers Nas“ in Köln so beliebt?

1995 hatten Unbekannte aus der Domschatzkammer ein wertvolles Vortragekreuz gestohlen. Ein Reporter der Bild-Zeitung hatte daraufhin beim inzwischen im Ruhestand lebenden „König der Kölner Unterwelt“, Heinrich Schäfer, wegen seiner großen Nase „Schäfers Nas“ genannt, nachgefragt, ob er das Kreuz nicht wiederbeschaffen könne.

Für „Schäfers Nas“ keine Frage! Kurz darauf tauchte das Kreuz in einer Plastiktüte am Kölner Hafen wieder auf. Wie der damalige Dompropst Bernard Henrichs später erzählte, hatte „Schäfers Nas“ die Belohnung von 3000 Mark brüsk zurückgewiesen. „Vom Dom nimmt man doch nicht, dem Dom gibt man höchstens“, habe Schäfer erwidert. Das Angebot des Kirchenmanns, dann eben für ihn

eine Messe zu lesen und zu beten, habe der Unterweltkönig hingegen gern angenommen: „Ja, das tut meiner schwarzen Seele gut."

Woröm heiß et „maach et, Otze"?

Warum heißt es „maach et, Otze"?

Müngersdorfer Stadion (das heutige Rheinenergie-Stadion) am 2. Mai 1991: Im DFB-Pokal-Halbfinale zwischen dem 1. FC Köln und dem MSV Duisburg hat Frank „Otze" Ordenewitz die zweite gelbe Karte im laufenden Wettbewerb gesehen. In der Pause kündigt er daher dem damaligen FC-Trainer Erich Rutemöller an, einen Platzverweis provozieren zu wollen. Denn nach den damaligen Regeln hätte Ordenewitz die Rot-Sperre in der Bundesliga absitzen können. Die Gelb-Sperre hätte hingegen für das Endspiel gegolten – eine Lücke im damaligen Regelwerk.

Rutemöller sieht die Chance, den wichtigen Spieler im Endspiel zur Verfügung zu haben und entscheidet: „Maach et, Otze!“ Hätte auch fast funktioniert, nur leider verplappert sich Rutemöller wenig später. Der Deutsche Fußball-Bund hört mit. Ordenewitz wird für das Finale gesperrt, Rutemöller muss zahlen, und Köln verliert das Finale nach Elfmeterschießen gegen Bremen.

Woröm lore en dä Richmodisstroß zwei Pädsköpp us enem Finster?

Warum schauen in der Richmodisstraße zwei Pferdeköpfe aus einem Fenster?

Mitte des 14. Jahrhunderts grassierte die Pest in Köln und verschonte auch die Familie des Bürgermeisters Mengis von Aducht nicht. Seine Frau Richmodis wurde, in der Annahme sie sei an der Pest gestorben, auf dem Friedhof an St. Aposteln beigesetzt. Als Grabräuber den als Beigabe mitgegebenen Schmuck stehlen wollten, kam die nur scheintote Frau wieder zu sich und lief nach Hause. Der entsetzte Ehemann soll seiner Frau ungläubig durch die Türe zugerufen haben: „Das ist soviel wahr, dass du mein Eheweib bist, als auch meine Rosse aus dem Stall hinauf auf den Söller

rennen“. Das taten die Pferde dann auch unmittelbar darauf ... Damit waren alle Zweifel aus der Welt und das Ehepaar von Aducht wiedervereint. Zur Erinnerung an dieses Ereignis ließ von Aducht am obersten Stockwerk seines Hauses zwei steinerne Pferdeköpfe anbringen, die dort noch bis zum Zweiten Weltkrieg zu sehen waren. Heute schauen sie aus dem obersten Stock des in altem Stil erbauten Treppenturmes in der Richmodisstraße. Soweit die Legende.

Tatsache ist, dass die Koelhoffsche Chronik von 1499 tatsächlich berichtet, „wie ein vrauwe zo Coellen, die gestorven ind begraven was ind weder upgegraven levendich wart“. Weitere Hinweise, dass mehr als nur ein Körnchen Wahrheit in dieser Legende steckt, gibt ein Kupferstich nach einer Tafel in der Apostelnkirche von 1604 sowie ein lateinischer Bericht, der nach handschriftlichen Aufzeichnungen der Patrizierfamilie Lyskirchen verfasst wurde. Hier wird die „wiederauferstandene Frau“ Richmuth von der Adoicht genannt, beide Quellen geben für das Ereignis das Jahr 1357 an. Von Pferden im Treppenhaus ist jedoch nirgendwo die Rede.

Die Richmodis-Sage ist bis heute eine der populärsten Legenden in Köln. Es gibt „Richmodis-Kölsch“, ein Hörbuch zum Thema und – besonders hörenswert – den Song „Zwei Päädsköpp ahm Nümaat“ auf dem Album „NiedeckenKöln“ von Wolfgang Niedecken und der WDR Big Band.

Woröm heiß et „Schäl Sick"?

Warum heißt es „Schäl Sick"?

Eine Frage, auf die es mindestens zwei Antworten gibt. Viele Menschen erzählen dazu folgende Geschichte: Als es auf dem Rhein noch keine Dampfschiffe gab, wurden die Kähne von Pferden auf sogenannten Treidelpfaden flussaufwärts gezogen. Dabei wurden die Tiere allerdings durch die vom Wasser reflektierenden Sonnenstrahlen derart geblendet, dass sie das andere Ufer nur noch „erblinzeln" konnten. Einseitig montierte Scheuklappen nutzen auch nichts, um das „Schielen" auf dem Auge zu verhindern. Daraus entstand der noch bis heute gebräuchliche Begriff: „Schäl Sick".

Wahrscheinlicher erscheint jedoch eine Erklärung, die einerseits im Chauvinismus der Kölner begründet ist, andererseits aber auch historische Wurzeln hat. Denn Fakt ist, dass sich die Römer, als sie um 20 vor Christus in der Gegend des heutigen Köln auftauchten, schlicht noch nicht über den Rhein trauten. Stattdessen gründeten sie auf einer Rheininsel (die inzwischen längst verschwunden ist – sie befand sich ungefähr dort, wo heute in der Altstadt das „Martinsviertel" steht) eine erste Siedlung, das „Oppidum Ubiorum".

Aus diesem Flecken entwickelte sich – auf der befriedeten rechten Rheinseite – Colonia Claudia Ara Agrippinensium, die Hauptstadt der römischen Provinz Niedergermanien und die Keimzelle des heutigen Köln. Obwohl in der Hauptsache von Germanen besiedelt, setzte sich der römische „way of life" in Köln sehr schnell durch. Ebenso das Christentum – in den

römischen Gebieten war es weit verbreitet, während die Germanen auf der anderen Rheinseite hiervon noch lange Zeit unbeeinflusst blieben. Folglich betrachteten die Kölner die rechtsrheinischen Bewohner als Heiden, die dem Odin huldigten. Letzterer galt als hinterlistig, tückisch und unberechenbar oder op Kölsch, als „schäl".

Heute schlägt sich im Namen „Schäl Sick" vor allem der Chauvinismus der Kölner nieder, denn nach urkölscher Überzeugung ist nur das linksrheinische Köln das „echte Köln". Eine Art „Inselmentalität", die sich nur mit dem „kleinen gallischen Dorf" aus den Asterix-Comics vergleichen lässt: Die Domstadt, umgeben von wilden Horden aus Bergheim, Siegburg, Bergisch Gladbach und Düsseldorf. Oder wie es der unvergessene Willy Millowitsch in einem seiner Erfolgsstücke einmal ausdrückte: „Ich verlasse die Stadt, ich verlasse das Land, ich verlasse Europa – ich geh' nach Bergisch Gladbach."

Woröm heiß e klei Fass Kölsch „Pittermännchen“?

Warum heißt ein kleines Fass Kölsch „Pittermännchen“?

Für alle Stadtfremden: Ein „Pittermännchen“ ist ein Zehn-Liter-Fässchen Kölsch. So weit, so gut. Aber warum wird es „Pittermännchen“ genannt und nicht etwa „Tünneschen“ oder „Heinemännchen“? Hier ist die (nicht unbedingt historisch genaue) Antwort:

Die Natur hat es so eingerichtet, dass jeder Mensch anders ist. Der eine kann aus der Regenrinne trinken, der andere lebt knapp oberhalb der Grasnarbe. Zum Beispiel Peter Schmitz! Klein und schmächtig, aber einer der besten Brauer im alten Köln. Und deshalb war sein Brauhaus auch stadtbekannt. Und nicht nur das: Das Kölsch war sogar so gut, dass selbst der Oberbürgermeister von Köln davon gehört hatte. Und weil die hohen Herren auch schon im alten Köln immer nur das Beste wollten, schickte der Oberbürgermeister eines Tages seine Tochter Agnes zum Peter ins Brauhaus, um 100 Liter Kölsch zu bestellen. Agnes war eine unglaublich attraktive Frau, hinter der halb Köln her war, und Peter war da keine Ausnahme. Kaum stand

Agnes bei ihm im Brauhaus, wurde Peter abwechselnd rot und kreidebleich und stammelte nur noch Schwachsinn. Agnes hörte gar nicht hin, denn Peter war ja nur Brauer und sie „was Besseres“ und außerdem, so ein „laufender Meter“ wie Peter interessierte sie schon mal gar nicht. Sie träumte von einem großen, starken Kerl, wie er in den Groschenromanen vorkam, die sich Agnes immer von der Köchin auslieh.

Der arme Peter wusste das nicht. Und selbst wenn er es gewusst hätte, wäre es ihm egal gewesen. Entweder Agnes oder gar nichts, und mit gar nichts gab sich ein Kerl wie Peter nicht zufrieden. Und so seufzte Peter dann auch, kaum das Agnes zur Tür hinaus war: „Was für eine Frau! So eine hat mir der Doktor verschrieben ..." Der alte Unkelbach, der das Ganze von der Theke aus beobachtet hatte, schmunzelte. Aber dann wurde er ernst: „Du glaubst doch wohl nicht, dass du bei so einer Frau Glück haben könntest! Peter! Sei doch nicht verrückt! Schau mal, du hast ein gut gehendes Brauhaus, und hier im Viertel gibt es auch nette Mädchen ..." „Ich will kein nettes Mädchen", fiel ihm Peter ins Wort, „ich will Agnes. Und verlass dich drauf: Ich bekomme sie." Der alte Unkelbach schüttelte den Kopf: „Wenn du das schaffst, trinke ich nur noch Wasser."

Direkt am nächsten Abend fuhr Peter mit der Gitarre nach Lindenthal, um Agnes ein Ständchen zu bringen. Er sang das schöne Lied vom „Prinz von Krahnebäume", aber der Einzige, der sich darum kümmerte, war ein Polizist, der Peter befahl, sofort mit dem Lärm aufzuhören. Am nächsten Tag war Peter wieder in Lindenthal, diesmal mit Blumen. Aber er hatte keine Chance, an dem Drachen vorbeizukommen, der ihm die Tür öffnete. „Ich werde die Blumen an das gnädige Fräulein weitergeben", sagte die Alte. Aber Peter wurde den Verdacht nicht los, dass die Blumen in der Küche landen würden. Kurz: In Lindenthal war nichts zu machen. Er musste auf eine bessere Gelegenheit warten.

Eine Woche später fand im Rathaus ein großes Fest statt. Für Peter war es kein Problem, da hinein zu kommen, schließlich musste er ja das Kölsch liefern, das Agnes bei ihm bestellt hatte. Kaum hatte er das Fass in den Keller gebracht, machte er sich auch schon heimlich auf den Weg in den Festsaal. Da war so viel los, dass Peter gar nicht auffiel. Zwischen Frauen, die ihre dicken Hinterteile in teure Kleider gezwängt hatten und Männern mit Zylinder und Vatermörder, suchte unser Peter nach Agnes. Endlich hatte er sie gefunden, sie stand in einer Ecke und unterhielt sich gerade mit einem Hauptmann der Armee. Was Peter wenig interessierte, er hielt schnurstracks auf die beiden zu, und als er endlich vor Agnes stand, fiel Peter nichts besseres ein als zu fragen „Agnes, willst du mich heiraten?“ Es wurde plötzlich totenstill. „Was ist das denn für ein abgebrochener Riese?“, fragte der Hauptmann. „Halt die Klappe“, schimpfte

Peter, „wer spricht denn überhaupt mit dir?“ Inzwischen hatte sich Agnes von ihrer Überraschung erholt. „Du bist wohl völlig verrückt geworden“, rief sie, „glaubst du im Ernst, ich würde einen wie dich heiraten? Agnes Schmitz aus dem Brauhaus! Wie sich das schon anhört! Da könnte ich auch einen Fensterputzer heiraten ... Und schau doch, wie du aussiehst, du Standgebläse. Immer, wenn ich dich küssen wollte, müsste ich mich bücken. Und ich will einen Mann, bei dem ich mich zum Küssen nicht bücken muss.“ „So einen wie mich“, sagte der Hauptmann. Aber Peter hörte gar nicht hin. „So, ich bin dir also nicht groß genug“, brüllte er, „du hast Angst, du müsstest dich mal bücken. Aber warte nur ab, ich werde dir zeigen, dass du dich nicht nach mir bücken musst. Schon gar nicht, um mich zu küssen.“ „Blödsinn“, lachte Agnes, „aber gut: Wenn du mich küssen kannst, ohne dass ich mich bücken muss, heirate ich dich. Das sage ich dir hier vor allen Leuten. Aber du darfst dich nicht auf einen Tisch oder einen Stuhl stellen.“ Peter grinste: „Und was ist, wenn ich mich auf Geld stelle? Würdest du das anerkennen?“ Agnes lachte noch lauter: „Verrückter Kerl! So viel Geld hast du doch gar nicht! Das will ich sehen ... Also bin ich einverstanden: Ich heirate dich auch, wenn du dich hier und jetzt auf so viel Geld stellen kannst, dass ich mich nicht bücken muss, um dich zu küssen.“ „Habt ihr das alle gehört?“, fragte Peter die anderen Gäste, „Ja? Dann passt mal auf!“ Peter ging zur Theke, schnappte sich ein Zehn-Liter-Fass Kölsch, stellte es vor Agnes, kletterte auf das Fass und küsste sie. Ohne dass sich Agnes bücken musste. „Das gilt nicht! Das ist doch kein Geld“, schimpfte der Hauptmann von der Armee. „Oh doch“, grinste Peter, „ich besitze nämlich ein Brauhaus. Und jeder Liter Kölsch, den du Spritnase in dich hineinschüttest, bedeutet für mich bares

Geld." „Peter hat Recht", riefen die Leute im Rathaus, „Agnes hat ihr Wort gegeben, jetzt muss sie ihn auch heiraten."

Einen Monat später wurde Hochzeit gefeiert, und der Hauptmann von der Armee wurde Trauzeuge. Darauf hatte Peter bestanden. Und in seinem Brauhaus bediente jetzt der alte Unkelbach. „Du bist dafür der richtige Mann", hatte Peter zu ihm gesagt, „weil du ja jetzt nur noch Wasser trinkst. Aber wirtschafte mir das Ganze nicht runter – ich habe dich im Auge!" Denn Peter war von seinem Schwiegervater, dem Oberbürgermeister, zum „Stadtrat für das Brauereiwesen" ernannt worden.

Und warum das Pittermännchen jetzt „Pittermännchen" heißt? Ganz einfach: Die Geschichte, wie der kleine Peter Schmitz die eingebildete Agnes hereinlegte, hatte sich blitzschnell in Köln herumgesprochen. Und irgendjemand hatte dann die Idee, die kleinen Fässer Peter zu Ehren „Pittermännchen“ zu nennen. Wir können froh sein, dass er nicht Karl-Heinz oder Hermann-Josef hieß ...

Woröm heiß ene mittelalterliche Turm „Weckschnapp"?

Warum heißt ein mittelalterlicher Turm „Weckschnapp"?

Im Mittelalter war man bekanntlich recht kreativ, wenn es darum ging, Menschen zu foltern oder auf möglichst bizarre Art und Weise umzubringen. Die Kölner waren in dieser Hinsicht leider keine Ausnahme, und so erfanden sie den „Weckschnapp". Dabei handelte es sich um einen Turm, dessen Boden aus einer Falltür bestand. In diesen Turm schaffte man den Gefangenen und ließ ihn zunächst einmal tüchtig hungern.

Nach ein paar Tagen ließ man dann an einem Seil einen frischen Weck in den Turm hinab und hing ihn gerade so hoch, dass ihn der Gefangene mit einem Sprung erreichen konnte. Sprang der Verurteilte – ausgehungert, wie er war – nun nach dem Weck, wurde über das Seil der Falltürmechanismus ausgelöst und der Gefangene stürzte durch eine Phalanx von Messern direkt in den Rhein.

Dies ist historisch verbürgt. Dass der heute unter dem Namen „Weck-schnapp" bekannte Turm Ort des grausigen Geschehens gewesen ist, stimmt allerdings nicht. Neueste Erkenntnisse gehen inzwischen davon aus, dass es sich beim eigentlichen „Weckschnapp" um ein im Wasser stehendes Teil der Stadtmauer gehandelt haben muss, das dem Hochwasser von 1784 zum Opfer fiel.

Woröm wor Willy Millowitsch lejendärer wie jede Dichter?

Warum war Willy Millowitsch legendärer als jeder Dichter?

Willy Millowitsch vorstellen zu wollen hieße, Kölsch in den Früh zu tragen. Deswegen nur die wichtigsten Eckdaten: Der „kölsche Willy" wurde am 8. Januar 1909 in Köln als Sohn einer Schauspielerdynastie geboren. Wobei es nicht immer menschliche Darsteller sein mussten: Michael Millowitsch, einer von Willys Vorfahren, war Lohkuchenhändler und Puppenspieler, ebenso Franz Andreas Millowitsch (1793–1875) oder Josef Caspar Millowitsch (1830–1867). Das Theater liegt den Millowitschs also im Blut! Aber zurück zu Willy: Seine Mutter Käthe war Wienerin, sein Vater Peter Wilhelm – ausgerechnet – Düsseldorfer (doch was ist schon perfekt?). Bereits 1922, also mit 13 Jahren, wechselt Willy ohne Schulabschluss auf die Theaterbühne. Der Rest ist, wie es so schön heißt, Geschichte: 1949 spielt er zum ersten Mal in einer Fernsehproduktion mit, 1953 wird der „Etappenhase" live aus dem „Volkstheater Millowitsch" übertragen. Es folgten weitere Fernsehrollen, Kinofilme und Schallplatten, die Willy Millowitsch wohl zum bekanntesten Kölner nach Adenauer machten.

Ganz besonders beliebt war er allerdings bei „seinen Kölschen“. Die Ehrenbürgerwürde, die ihm am 17. März 1989 verliehen wurde, reichte den Kölnern an Wertschätzung noch nicht aus, und so wurde ihm bereits zu Lebzeiten (!), genauer gesagt 1992, ein privat finanziertes Denkmal am Eisenmarkt gesetzt. Eine Ehre, die sonst nur toten Politikern oder ebenso toten Dichtern zuteil wird ... Willy wurde eben geliebt!

Und deshalb trug eine ganze Stadt Trauer, als der Volksschauspieler am 20. September 1999 im Kölner St.-Elisabeth-Krankenhaus (Hohenlind) an Herzversagen starb. Als wirklich letzte Ehre nannte die Stadt kurz nach seinem Tod einen Platz in der Nähe der Aachener Straße Willy-Millowitsch-Platz.

Woröm jitt et ene „Nubbel"?

Warum gibt es einen „Nubbel"?

Wie schon an anderer Stelle erklärt, sind in Köln Kirche und Karneval untrennbar miteinander verbunden. Was mitunter nicht ganz unproblematisch ist, man denke nur an das Gebot, nach dem man „seines nächsten Weib nicht begehren" soll ... Aber die findigen Kölner haben auch dafür eine Lösung gefunden: Den Nubbel!

Das ist eine mannsgroße, voll bekleidete Strohpuppe, die man ab dem Karnevalsbeginn am „Elften em Elften" vor der Tür so mancher kölscher Kneipe findet. Tja, und dieser Nubbel ist für die Kölner der Sündenbock, dem man alle Sünden, die man während des Karnevals begangen hat, in die Schuhe schiebt: Man ist nicht selbst mit der Nachbarin fremdgegangen, sondern das war der Nubbel. Folgerichtig ist dem Nubbel auch kein langes „Leben" beschieden, er wird in der Nacht zum Aschermittwoch in einer großen Zeremonie verbrannt.

Klingt reichlich mittelalterlich, aber tatsächlich gibt es den Nubbel erst seit

Beginn des vergangenen Jahrhunderts – 1913 wurde angekündigt, anlässlich der Buchheimer Kirmes einen Nubbel (oder vielmehr einen „Zacheies", wie es damals hieß) zu verbrennen. Daraufhin wurde die Kirmes verboten. Die erste echte Nubbelverbrennung fand erst 1950 im Anschluss an die Kirmes von St. Severin statt, von dort aus breitete sich das Ganze aus und gelangte schließlich in den Karneval. Woher dieser verhältnismäßig junge Brauch tatsächlich stammt, liegt im geschichtlichen Dunkel. Es wird vermutet, dass es ein „Fragment" aus der Zeit ist, in der die Franzosen Köln besetzt hatten, denn damals wurde zum Ende des Karnevals „die Fastnacht begraben". Nach allem, was davon überliefert ist, war das aber eher ein symbolisches Begräbnis, zu dem mit Trompetenklang ein Trauerzug durch die Stadt lief. Von Strohpuppen und mehr oder minder schrägen Grabreden, wie wir sie heute kennen, war damals aber noch keine Rede.

Wer von einer echten Nubbelverbrennung zumindest einmal einen akustischen Eindruck haben möchte, sollte sich das Album „Nix es ömesöns" anhören, auf dem der unvergleichliche Tommy Engel den „Pastor" gibt: „En Veedelstund wor hä ald dud, do eets feel im et Jlas us d'r Hand ..."

Woröm bejinnt dä Fastelovend am Elften em Elften?

Warum beginnt der Karneval am 11.11.?

Das ist buchstäblich eine uralte Geschichte, die in römischer Zeit beginnt. Denn damals gedachte man im November der Götter, die für die Gaben des Herbstes, vornehmlich den Wein (!!), zuständig waren. Aber es gibt auch kirchliche Bezüge. In der gallischen Kirche bereitete der Advent nämlich nicht auf Weihnachten, sondern auf das alte Hauptfest Epiphanie am 6. Januar vor. Der Advent war eine Fastenzeit, die am Martinstag (11.11.) begann und 56 Tage dauerte. Außerdem ist die Elf nicht frei von einer gewissen Symbolik.

So steht sie beispielsweise für die Einheit im Karneval: Die rechte Zahl sagt genau das Gleiche aus wie die linke, stellt also die Eins neben die Eins als Zeichen der Gleichheit aller Jecken. Wie tief verwurzelt dieser Gedanke ist,

beweist auch die Tatsache, dass am 11.11.1381(!) ein gewisser Graf von Cleve Mark die erste Narrenakademie unter dem Wahlspruch „Ey Lustig Fröhlich“ gründete. Seit der Französischen Revolution steht ELF für E = Egalite, L = Liberté und F = Fraternité (Gleichheit, Freiheit und Brüderlichkeit), was ja nun perfekt den Grundgedanken des Karnevals umschreibt. Kurz: Die Elf hat für Köln (und nicht nur dort!) fast magische Bedeutung. Auch das Kölner Wappen weist elf Flammen auf, die allerdings auf die elftausend Jungfrauen im Gefolge der heiligen Ursula zurückgehen.

Woröm röf mer en Kölle „Alaaf“ un nit „Helau“?

Warum ruft man in Köln „Alaaf“ und nicht „Helau“?

Über die Bedeutung des Wortes „Alaaf“ streiten die Sprachwissenschaftler, es wird vermutet, dass es von einem Trinkspruch des 16. Jahrhunderts abgeleitet wurde: „al-af“, was so viel bedeutet wie „über alles“. Darum auch „Kölle Alaaf“ „Köln über alles“. Was für einen Kölner sowieso selbstverständlich ist, aber dies nur nebenbei. Dem Kölner an sich ist völlig egal, was „Alaaf“ denn nun tatsächlich bedeutet, für ihn ist „Alaaf“ Ausdruck lokaler (Karnevals-) Identität, während „Helau“ automatisch mit der Nachbarstadt Düsseldorf in Verbindung gebracht wird. Muss man erklären: Zwischen Köln und der Landeshauptstadt Düsseldorf besteht eine Rivalität, wie wir sie im Fußball zwischen Deutschland und Holland kennen. Da verstehen auch die ansonsten eher gemütlichen und toleranten Kölner keinen Spaß – Düsseldorf ist keine „andere Stadt“, Düsseldorf ist kein „anderes Land“, Düsseldorf ist ein fremder Planet!

„Helau“ ist übrigens wesentlich jünger, dieser Schlachtruf wurde erst 1935 von einer Abordnung der Mainzer Prinzengarde eingeführt. Auch hier gibt es nur Vermutungen, was das Ganze bedeuten soll, wahrscheinlich geht „Helau“ auf das ältere „hell auf“ (= aufgeweckt) zurück.

Wat es dä Kölsche „Ground Zero"?

Was ist der Kölner „Ground Zero"?

Manchmal liegt die Ironie der Kölner auch jenseits des guten Geschmacks: Nachdem in Köln – vermutlich durch den Bau einer U-Bahn-Linie – am 03.März 2009 das Stadtarchiv an der Severinstraße einstürzte (wobei zwei Menschen ums Leben kamen) hieß es in Anspielung auf den Terroranschlag auf das World Trade Center vom 11. September 2001: „Mer bruche nit al-Qaida, mir han de KVB." Selbst für Köln ungewohnt harte Worte, die jedoch ihren Hintergrund haben: Die Kölner Verkehrsbetriebe (KVB) – wegen hoher Preise und zahlreicher Verspätungen in Köln eher unpopulär – haben mit dem Bau der sogenannten Nord-Süd-Bahn ein nicht ganz risikoarmes Projekt in Angriff genommen. Zumindest auf dem Teil der Strecke, der unter dem Severinsviertel hindurch führt, beklagten Anwohner Risse in Hauswänden und sogar der Kirchturm der St. Johann Baptist-Kirche geriet durch die Bauarbeiten in Schieflage. Ganz zu schweigen von der Tatsache, dass die umfangreichen und langwierigen Bauarbeiten ein früher quicklebendiges Stadtviertel fast nahezu komplett lahm legten – die Anzahl der lee-

ren Ladenlokale entlang der U-Bahn-Linie spricht Bände. Doch trotz aller Bürgerproteste hielt die KVB an ihren ehrgeizigen Plänen fest, selbst nach dem Einsturz des Stadtarchivs.

Die peinlichen Pressekonferenzen nach dem Unglück, für das niemand auf Seiten des Unternehmens so recht die Verantwortung übernahm, steigerte den Zorn der Kölner noch – eine Wut, die sich inzwischen in zynischen Vergleichen Luft macht.

Woröm hänge an dä Hohenzollernbröck esu vill Vürhängeschlösser?

Warum hängen an der Hohenzollernbrücke so viele Vorhängeschlösser?

Zu Hunderten hängen sie an der Hohenzollernbrücke: Vorhängeschlösser, auf denen junge Paare ihre Namen verewigt haben. Manche Schlösser wurden schlicht mit Edding beschriftet, andere kunstvoll graviert oder phantasievoll beklebt. Aber eines haben sie alle gemeinsam: Die dazugehörigen Schlüssel wurden in den Rhein geworfen. Vorhängeschlösser als Symbole unverbrüchlicher Liebe.

Doch woher stammt dieser romantische Brauch, der im Spätsommer 2008 erstmals in Köln auftauchte?

Vieles spricht dafür, dass es sich bei den „Liebesschlössern" um einen Import aus Italien handelt. „Lucchetti d'amore" heißen sie dort und sind in zahlreichen Städten zu finden. Der vermutete Ausgangsort ist dabei Florenz.

11.10.2010
2008
M & S

Typisch kölsch ist hingegen die Tatsache, dass die überaus beliebte Band „Höhner“ daraus ein Lied gemacht hat: „Schenk mir heut Nacht dein ganzes Herz und bleib bei mir ...“. 2010 war das der Renner der Saison. Aber Singen und romantische toskanische Bräuche passen ja auch zur „nördlichsten Stadt Italiens“ ...

Wat es esu besonders an der kölsche Veedele?

Was ist das Besondere an den Kölner Stadtvierteln?

Stadtteile gibt es überall – von Hamburg-Eppendorf bis München-Freising. Aber in Köln ist das (einmal mehr) ein bisschen anders …

Keimzelle des heutigen Köln war das „Oppidum Ubiorum“, eine Römerstadt, die in etwa die Fläche der heutigen Kölner City umfasste. Drumherum war erst einmal wenig, wenn man von Wald und den Römerstraßen einmal absah. Doch wie das immer so ist: Wenn irgendwo eine Stadt gegründet wird, dauert es nicht lange, bis in ihrem Umfeld Dörfer und Bauernhöfe entstehen. Die Städter mussten schließlich auch etwas essen, und so bot der Markt in Köln den Bauern aus dem Umland gute Verdienstmöglichkeiten. Aber wenn man davon absah, hatten die Bauern des Umlandes mit den Städtern nicht viel am Hut, man sprach nach wie vor seinen eigenen Dialekt und pflegte seine Sitten und Gebräuche. Auch zwischen den Dörfern gab es nicht viel Kontakt, denn eine Reise von einem Dorf zum anderen war nicht nur beschwerlich, sondern zu damaligen Zeiten auch nicht ganz ungefährlich. Und außerdem: Warum sollte man sich besuchen, wenn man doch

Selbstversorger war. So entwickelten sich rund um Köln also eigene kleine Mikrokosmen.

Nun wuchs Köln aber immer weiter, und im Laufe der Zeit wurden so die Dörfer und Bauernhöfe von der Stadt geradewegs „umzingelt". Eine Tatsache, die man einerseits gelassen hinnahm – „Et es, wie et es" – aber andererseits sah man auch keinen Anlass, wegen der Eingemeindung irgendetwas an

den liebgewonnenen und vertrauten Lebensgewohnheiten zu ändern. So gab es beispielsweise in Lindenthal noch bis Mitte des vorigen Jahrhunderts (!) Bauernhöfe, obwohl man längst mitten in Köln lebte.

Heute fühlen sich die Einwohner der Veedel natürlich als Städter und Kölner, aber kleine Eigenarten aus früheren Zeiten haben bis heute überlebt. So spricht man in Rodenkirchen zum Beispiel in kleinen Details ein etwas anderes Kölsch als in Nippes, und es gibt in vielen Stadtteilen auch ganz eigene Feste, wie beispielsweise die Kirmes an St. Severin, die ihren ganz eigenen historischen Ursprung hat. Diese Wurzeln geben zusammen mit der neueren städtischen Entwicklung jedem „Veeedel" sein eigenes Gesicht und seine eigene Mentalität. Für Fremde ist es daher oft schwer, in einem „Veedel" Fuß zu fassen, umgekehrt sind die Kölner ihren „Veedeln" treu – einen Lindenthaler ins benachbarte Ehrenfeld zu verpflanzen (und umgekehrt) käme einem Umzug in eine andere Stadt gleich.

Woröm steiht en dä Kupferjass en „Schwatze Madonna"?

Warum steht in der Kupfergasse eine „Schwarze Madonna"?

Die Ursprünge der berühmten „Schwarzen Madonna" liegen buchstäblich im geschichtlichen Dunkel – allgemein geht man davon aus, dass sie von Nonnen des Ordens der Unbeschuhten Karmeliterinnen um 1630 aus dem niederländischen Hertogenbosch mit nach Köln gebracht wurde. Die Nonnen hatte es wiederum wegen konfessioneller Unruhen in ihrer Heimat nach Köln verschlagen. Die „Schwarze Madonna" – das Werk eines unbekannten niederländischen Künstlers, gefertigt aus Lindenholz – brachte es indes schnell zu Berühmtheit. Bereits 1675 konnten die Nonnen die „Laurentiinische Kapelle" einweihen, die als „Heimat" der Schwarzen Madonna diente und durch Schenkungen der Kölner Bürger finanziert wurde.

Die neue Kapelle in der Kupfergasse entwickelte sich schnell zum Wallfahrtsort. Die Pilger behängten die Marienfigur mit Schmuckstücken und durch die unzähligen dargebrachten Opferkerzen erhielt sie im Laufe der Jahre die dunkle Tönung.

Apropos! Auch heute werden nach Auskunft der Pfarrei jede Woche noch 5.000 Opferkerzen bei der „Schwarzen Madonna“ aufgestellt – inzwischen weniger von Pilgern aus aller Welt, aber dafür umso mehr von den Kölnern selbst. Der Dom ist zweifellos die populärste Kirche in Köln, aber die beliebteste Heilige der Kölner ist die „Schwarze Madonna“. So stattet zum Beispiel jedes Jahr am Karnevalssonntag das Kölner Dreigestirn der „Schwarzen Madonna“ einen Besuch ab, um den Segen für den Rosenmontag zu erbitten. Und auch der 1.FC Köln wendet sich an die „Schwarze Madonna“, wenn es um Beistand im Abstiegskampf geht (was wohl auch die Menge der Opferkerzen erklärt ...). Doch auch die so genannten „kleinen Leute“ haben zur „schwatzen Mutterjottes“ – wie die Kölner sagen – ein ganz besonderes Verhältnis. Dr. Rudolf Amelunxen, seinerzeit nordrhein-westfählischer Justizminister, beschrieb das Ganze in „Das Kölner

Ereignis“ (Essen 1952) wie folgt:

« Die Leute von Unter Krahnenbäumen hörten meist auf den Namen Schmitz. Soweit sie Hosen trugen, hießen sie mit wenigen Ausnahmen Köbes oder Tünnes. Sie gingen kaum je in ihre Kirche. Aber sie hielten was auf ihre Kirche. In ihrer Art waren sie konsequente Menschen, die sich nicht genierten, bei öffentlichen kirchlichen Kundgebungen, bei dem alljährlichen Ursulafest oder am Dreikönigstage oder bei der seit dem Jahre 1818 unter dem freudigen Beifall der Kölner wieder eingeführten Fronleichnamsprozession, mehrere Paternoster und Ave Maria laut mitzubeten. Sie aßen an jedem Freitag und an allen Vigilien gewässerten Stockfisch und brachten, wenn sie polizeilich gesucht wurden, lange Opferkerzen, Votivkerzen aus reinstem Bienenwachs zur schwarzen Muttergottes in der Kupfergasse, in die Anno 1715 durch den Kurfürsten Josef Clemens konsekrierte Gnadenkapelle. Wünschten sie irgendeinem ihrer Feinde die Pest, die Blattern oder den Tod auf den Hals, ließen sie im Dom, möglichst vor dem Dreikönigsschrein, eine heilige Messe zelebrieren, wobei sie dem Domherrn, der das Meßgeld in Empfang nahm, sagten: „In besonderem Anliegen!“ Wenn's ans Ende ging, starben sie – das war bei ihnen Tradition – nicht ohne den Zuspruch und die Heilsmittel ihrer Kirche. Bei der Kunibertsprozession, der festlichsten Prozession Kölns, die durch ihre ärmlichen Gäßchen zog, fehlte an keinem Hause und Fenster christlicher Bildschmuck und kirchliches Fahnentuch. »

Woröm jitt et esu vill kölsche Bands?

Warum gibt es so viele Kölner Bands?

Sind wir ehrlich: Bis weit in die 70er Jahre hinein war „Musik op Kölsch" dem Karneval vorbehalten und mehr oder weniger peinlich, da kölschtümelnd: „Rhing – Sonnesching", so in etwa das Niveau.

Die Revolution kam 1970 mit den „Bläck Fööss", die ursprünglich unter dem Namen „Stowaways" Rock- und Popmusik machten und in den Karneval eigentlich mehr oder weniger nur „hineingerutscht" waren. Das war etwas völlig Neues: Kölsche Musik ohne Schunkelrhythmus und mit Texten, bei denen sich das Hinhören tatsächlich lohnte! Trotzdem blieben die „Fööss" lange Jahre nahezu konkurrenzlos auf diesem Gebiet. Was sicherlich auch mit den Anfeindungen zusammenhing, der die Band in ihren Anfangstagen ausgesetzt war – die Kölner Musikszene wollte zunächst einmal abwarten, wie sich die Dinge entwickelten. Doch im Untergrund tat sich einiges. Der Kölner Sänger und Maler Wolfgang Niedecken tingelte mit einem Repertoire aus eingekölschten Dylan-Songs und selbstverfassten kölschen Rocksongs durch die Südstadtkneipen, und Jürgen Zeltinger machte sich mit ebenfalls kölschen Punksongs in den Kölner Clubs einen Namen.

Mit Beginn der „Neuen Deutschen Welle" fanden diese Projekte plötzlich bundesweit Beachtung – Wolfgang Niedecken stürmte mit seiner inzwischen gegründeten Band „BAP" die Hitparaden, und Jürgen „de Plaat" Zeltinger erreichte mit seiner LP „Zeltinger Band live im Roxy & im Bunker" Kultstatus.

Das führte wiederum dazu, dass andere Kölner Bands hellhörig wurden: Mit kölscher Musik ließ sich also über den Karneval hinaus Geld verdienen! Nun gab es kein Halten mehr, immer mehr Kölner Bands wagten den „Sprung nach draußen". Mitlerweile sieht es so aus, dass kölsche Bands wie BAP oder die Höhner einen Bekanntheitsgrad erreicht haben, der weit über die Landesgrenzen hinausgeht. Sogar der Chinese weiß spätestens seit der EXPO 2010, was „Schunkeln" heißt.

Wat es dä „kölsche Klüngel“?

Was ist der „kölsche Klüngel“?

Auf den ersten Blick das, was man im Rest der Republik „Vetternwirtschaft“ nennt und eher negativ betrachtet. Aber darum geht es beim „kölschen Klüngel“ gar nicht, sondern vielmehr um das, was Adenauer einmal mit „Mer kennt sich, mer hilft sich“ umschrieben hat. „Kölsche Klüngel“ ist also nichts anderes als unbürokratische Hilfe im Alltag. Jeder weiß zum Beispiel, wie schwierig es ist, Arbeit zu finden – noch dazu im Traumberuf! Wieviel einfacher ist es da, wenn man um drei Ecken jemanden kennt, der einen entsprechenden Job zu vergeben hat. Damit hat man zwar immer noch nicht den Vertrag in der Tasche, aber immerhin schon mal ein Vorstellungsgespräch. Oder auch sehr beliebt: Klüngeln beim Einkaufen. Wie schön ist es doch, wenn man jemanden kennt, der den heißbegehrten, aber leider zu teuren Fernseher zum Einkaufspreis besorgen kann. Im Gegenzug verschafft man diesem wichtigen Menschen dann an anderer Stelle einen Preisvorteil. Oder irgendetwas anderes. Das ist mit das Wichtigste beim Klüngeln - die Gegenseitigkeit. Dass man den erwiesenen Gefallen nicht vergisst und sich bei Gelegenheit revanchiert, ist Ehrensache. Klüngeln hat in Köln auch nichts Ehrenrühriges an sich, sondern ist normaler Bestandteil des Alltags, mit dem man völlig offen umgeht. Verpönt ist hingegen die klassische „Vetternwirtschaft", bei der sich einige wenige untereinander die Pöstchen zuschieben und die Taschen voll stopfen. Beim „kölschen Klüngel" geht es nicht so sehr darum, sich zu bereichern, sondern es ist eher eine Hilfe, die Tücken des Alltags zu meistern. Warum tausend Euro ausgeben, um die Wohnung zu renovieren, wenn der Malermeister von nebenan das im

Tausch für eine Autoreparatur macht, die man dann seinerseits hinkriegt? „Kölscher Klüngel“ ist Tauschwirtschaft. Arbeit gegen Arbeit, Gefallen gegen Gefallen. Und weil ja nun jeder irgendetwas kann und andere Menschen kennt, funktioniert dieses System reibungslos und ohne dass irgendjemand davon ausgeschlossen wäre. Da kann die „Vetternwirtschaft“ nicht mithalten …

Woröm hät dä 1. FC Köln ene Jeißbock als Maskottche?

Warum hat der 1. FC Köln einen Geißbock als Maskottchen?

„Weil er stellvertretend für die Fans über das Spiel meckert." Könnte man zumindest annehmen und hätte auch seine Berechtigung (nur die Älteren unter uns können sich noch aus eigenem Erleben an die letzte Meisterschaft des 1. FC erinnern), stimmt aber trotzdem nicht. Die Geschichte ist vielmehr wie folgt:

Am 13. Februar 1950 fand im Zelt des Zirkus Williams eine Karnevalssitzung statt, und weil exakt zwei Jahre zuvor der FC gegründet worden war, nahm Zirkusdirektorin Carola Williams das zum Anlass, um dem FC einen jungen Geißbock als Glücksbringer zu schenken. Das Tier wurde dankend angenommen und nach dem damaligen FC-Trainer Hennes Weisweiler „Hennes" genannt. Innerhalb kürzester Zeit wurde „Hennes" mordspopulär und fand auch seinen Weg ins Vereinswappen.

Als später die neuen Vereinsanlagen am Decksteiner Weiher gebaut wurden, waren diese – klar – das „Geißbockheim“. Doch auch Geißböcke leben nicht ewig, und nach dessen Tod stellte sich die Frage, wie es weitergehen solle, zumal Trainer Hennes Weisweiler inzwischen den Verein verlassen hatte und die Konkurrenz trainierte. Nach Versuchen mit „Oscar“ und „Heinzchen“ kehrte man schnell zum alten Namen „Hennes“ zurück, versehen mit dem Zusatz „der Zweite“, wie es in Köln bei Karnevalsprinzen üblich ist. Apropos! Der mysteriöse Tod von Geißbock Hennes II. sorgte für allerhand Verschwörungstheorien. Die offizielle Erklärung – Tod durch einen in den Ziegenstall eingedrungenen Schäferhund – erschien zu banal, und so halten sich bis heute Mordgerüchte, zum Beispiel Tod infolge von Vergiftung durch Gladbacher Fußballfans.

Als der FC im Jahr 1977/78 Meister und Pokalsieger wurde, durfte Hennes IV. im Autokorso mitfahren, während Hennes VII. ein echter „Pechbock“ war – in seine Amtszeit fielen bisher sämtliche Abstiege des 1.FC Köln aus der 1. Bundesliga.

Auch ins Fernsehen hat es Hennes schon geschafft – als Mordopfer der sat.1-Krimiserie SK Kölsch (Täter war aber kein Gladbacher Fußballfan).

Woröm sinn die Kölsche glöcklicher als die Düsseldorfer?

Warum sind die Kölner glücklicher als die Düsseldorfer?

Dat die Kölsche glöcklicher sinn als die Düsseldorfer, dat han die Kölsche at immer gewoß. Dazu brauchte es keinen Glücksatlas, der von der Deutschen Post in Auftrag gegeben wurde.

Der Kölner ist von Natur aus offen, kontaktfreudig und freundlich. Dass die Kölner sich viel privat treffen und dabei Kölsch sprechen und trinken, bleibt dabei nicht ohne Folgen. So sind beispielsweise überdurchschnittlich viele Kölner verheiratet oder leben mit einem Partner zusammen. Auch Gesundheit und Sport liegt ihnen besonders am Herzen. Die Sport-

begeisterung der Kölner kennt dabei keine Grenzen, wie die vielen Sportevents, die jährlich stattfinden, beweisen. Und dass Sport die Produktion der Glückshormone steigert, ist ja mittlerweile allgemein bekannt. Darum überrascht es auch nicht, dass die Kölner beim Thema „glücklich sein“ bei allen Punkten über dem Bundesdurchschnitt liegen.

Und noch was Interessantes ist dabei raus gekommen. Die Düsseldorfer haben mehr Einkommen als die Kölner, aber sie sind trotzdem nicht zufriedener. Was im Klartext heißt: Geld macht nicht glücklich. Aber auch das überrascht einen echten Kölner nicht wirklich, denn er weiß, fiere es wichtiger als kassiere.

Weitere Titel des E.G. Lüttgau Verlags

Kölsche Tapas
Kleine Leckereien nach „Kölscher Art"

192 Seiten, Format 11,3 x 16 cm,
Hardcover mit Leseband,
EUR 14,80
ISBN: 978-3-929721-11-9

Email: info@eg-luettgau-verlag.de
www.eg-luettgau-verlag.de
www.koelsche-tapas.de

Kölsche Tapas genießen,
heißt Lebensfreude wahrnehmen:
esse, schwade, laache, Spaß han!

Und das am besten mit vielen guten Freunden.
Verblüffende Rezeptkreationen
sowie Pikantes in neuen Variationen
mit kölscher Note werden Sie
und Ihre Gäste begeistern.

Kölsche Sushis

Köstliche Kleinigkeiten: Fleisch, Fisch, Gemüse und Süßes nach „Kölscher Art"

200 Seiten, Format 11,3 x 16 cm,
Hardcover mit Leseband,
EUR 14,80
ISBN 978-3-929721-12-6

Email: info@eg-luettgau-verlag.de
www.eg-luettgau-verlag.de
www.koelsche-sushis.de

Sushi muss nicht zwangsläufig „roher Fisch" und „Seetang-Blätter" bedeuten – hier ist der Beweis: Kölsche Sushis!

Ein Höhepunkt fernöstlicher Esskultur gepaart mit vertrauter kölscher Deftigkeit.

Die unerwarteten Kombinationen und verblüffenden Rezeptkreationen führen Sie und Ihre Gäste in ein Reich der kulinarischen Sinne, das Augen und Gaumen immer wieder überrascht.

ケルンの寿司

Dom-Ausstechform

Dom-Ausstechform zum Ausstechen bei den „Kölschen Tapas"-Rezepten, wie „Knäcke-Dömche", „Kölsche Creme-Brüller", „LSD" oder „Panne-Dömche", und natürlich auch zum Ausstechen von Keksen zu verwenden.

Die original Dom-Ausstechform ist im Set mit dem Buch „Kölsche Tapas" erhältlich für insges. 19,90 EUR.

Dom-Ausstechform

Dom-Ausstechform zum Ausstechen bei den „Kölschen Sushis"-Rezepten und natürlich auch zum Ausstechen von Keksen zu verwenden.

Die original Dom-Ausstechform ist im Set mit dem Buch „Kölsche Sushis" erhältlich für insges. 19,90 EUR.

Kölsches Kochbuch

„Mir koche op Kölsch“

184 Seiten, Format 11,2 x 13 cm,
Hardcover,
EUR 8,50
ISBN 978-3-933070-88-3

Email: info@eg-luettgau-verlag.de
www.eg-luettgau-verlag.de

Schmeck dat dann?

Und ob das schmeckt, und es macht so richtig Spaß,
„op Kölsch zu koche“.

Die kölsche Küche ist ehrlich, manchmal
deftig, aber ohne Schnörkel und oft mit einer
Prise Raffinesse.

Eins ist sie immer: „Lecker“!

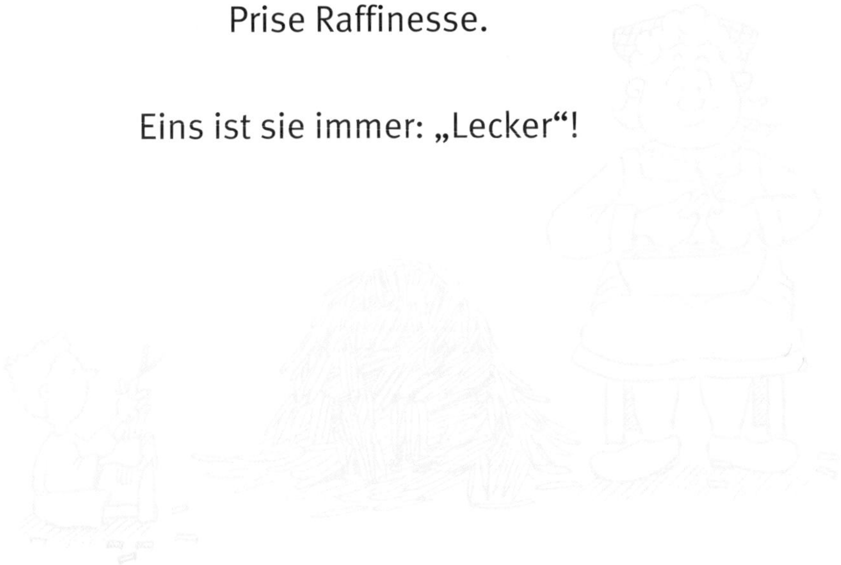

Dat kölsche Kamasutra

„Maach' et mir op Kölsch"

124 Seiten, Format 11,2 x 13 cm,
Hardcover,
EUR 8,50
ISBN 978-3929721-08-9

Email: info@eg-luettgau-verlag.de
www.eg-luettgau-verlag.de

WORÖM DANN NIT?

Kennen Sie die „Heinzelmännchen-Stellung“, die „Dom-Stellung“, die „Rusemondaach-Stellung“, die „Für-Lau-Stellung“ oder haben Sie schon mal den besonderen Reiz der „Scheuklappe-Stellung“ erleben dürfen? Nein? Dann kann das Kölsche Kamasutra Ihnen eine Menge Anregungen und Aufschlüsse geben.

Aber vor allem werden Sie mit „Mach et mir op Kölsch“ viel Spaß haben, und das ist das Wichtigste.

Kölsche Bibel

„Mir bedde op Kölsch“

168 Seiten, Format 11,2 x 13 cm,
Hardcover,
EUR 8,50
ISBN 978-3-933070-60-9

Email: info@eg-luettgau-verlag.de
www.eg-luettgau-verlag.de

MING LEEV HERRJÖTTCHE

Die „Kölsche Bibel“ bietet allen Kölnern (und nicht nur diesen!) die Möglichkeit, sich dem Buch der Bücher einmal von einer anderen Seite zu nähern.

In einer Sprache, die bei aller Volkstümlichkeit weder platt noch lächerlich wirkt, die durch die flotten Strichillustrationen in ihrer Bildhaftigkeit noch unterstützt wird, und die dem Leser „singe Herrgott“ näher bringt.

Klassiker op Kölsch

Gedichte, Balladen und Zitate

144 Seiten, Format 11,2 x 13 cm,
Hardcover,
EUR 8,50
ISBN 978-3-939908-47-0

Email: info@eg-luettgau-verlag.de
www.eg-luettgau-verlag.de

Sein oder Nichtsein?

Kann es sein, dass die großen Werke deutscher Dichtkunst durch die „Kölsche Sproch“ verunglimpft oder sogar ins Lächerliche gezogen werden?

Kölsch ist bildhafter emotionaler und bringt die Sache oft schnell auf den Punkt, wie z.B. bei dem Zitat: „Der Worte sind genug gewechselt. lasst mich auch endlich Taten sehen“.
Op Kölsch: „Jedoch jeschwaad, dunn lever jet!“

Außerdem ist Kölsch sprachwissenschaftlich eine Sprache und kein Dialekt, und wer würde sich bei einer englischen oder französischen Übersetzung schon aufregen?

Somit stellt sich die Frage nicht wirklich.

Se sinn widder do!

Die Heinzelmännchen von Köln

128 Seiten, Format 11,2 x 13 cm,
Hardcover,
EUR 8,50
ISBN 978-3-933070-76-0

Email: info@eg-luettgau-verlag.de
www.eg-luettgau-verlag.de

Och dat noch!

Ob in Kalk oder Lindenthal, ob im Cabaret oder Domkapitel, ob beim FC oder Hänneschen, ob im Karnevalsverein oder Rat der Stadt Köln, beim Radio oder anderswo, die Heinzelmännchen sind wieder da.

So sorgen die Heinzelmännchen von heute neben allerlei Aufregung aber auch für eine gesellschaftliche Sichtweise der „kleinen“ Leute.

FVNERIBVS
AGRIPPINENSIVM
SACER LOCVS
Köln